AF349337

1939-1945
WORLD WAR TWO

AUTORE

Carlo Cucut è nato a Nole (TO) nel 1955. Ha coltivato la passione per la storia sin da ragazzo e negli anni ha approfondito questo interesse dedicandosi alla ricerca storica. Ha pubblicato articoli sulle riviste: "Storia del XX Secolo", "Storie & Battaglie", "Milites" e "Ritterkreuz". In campo editoriale ha pubblicato vari volumi per Marvia Edizioni: "Penne Nere sul confine orientale. Storia del Reggimento Alpini "Tagliamento" 1943-1945", vincitore del Premio De Cia; "Attilio Viziano. Ricordi di un corrispondente di guerra"; "Forze Armate della RSI sul fronte orientale"; "Forze Armate della RSI sul fronte occidentale"; "Forze Armate della RSI sulla linea Gotica"; "Alpini nella Città di Fiume 1944-1945". Per il Gruppo Modellistico Trentino ha pubblicato "Le forze armate della RSI 1943-1945. Forze di terra".

PUBLISHING'S NOTES

LICENSES COMMONS

For a complete list of Soldiershop titles please contact Luca Cristini Editore on our website: www.soldiershop.com or www.cristinieditore.com. E-mail: info@soldiershop.com

Titolo: **REPARTI CORAZZATI RUMENI** Code.: **WTW-037 IT** Di Carlo Cucut
ISBN code: 978-88-93278881 prima edizione Ottobre 2022
Lingua: Italiano Nr. di immagini: 115 dimensione: 177,8x254mm Cover & Art Design: Luca S. Cristini

WITNESS TO WAR (SOLDIERSHOP) is a trademark of Luca Cristini Editore, via Orio, 35/4 - 24050 Zanica (BG) ITALY.

WITNESS TO WAR

REPARTI CORAZZATI RUMENI

DALLA COSTITUZIONE ALLA FINE DELLA SECONDA GUERRA MONDIALE: 1916-1945

PHOTOS & IMAGES FROM WORLD WARTIME ARCHIVES

CARLO CUCUT

INDICE

▲ Carri armati R-2 con i loro equipaggi, appartenenti al *Regimentul 1 Care de Luptă*, durante l'addestramento nel 1940 *(da: Armata română și evoluția armei tancuri. Documente (1919-1945)- op. cit. in bibliografia)*

ROMANIA: DALLA GUERRA ALLA BULGARIA ALLA FINE DELLA SECONDA GUERRA MONDIALE

Il Regno di Romania (*Regatul României*), esistente dal 13 marzo 1881 a seguito della Guerra d'Indipendenza rumena, nel 1913 sconfisse la Bulgaria durante la seconda guerra dei Balcani e, in base al Trattato di Bucarest del 10 agosto 1913, ottenne l'annessione della regione della Dobrugia e di parte della costa bulgara sul Mar Nero.

Il Regno di Romania allo scoppio della Prima Guerra Mondiale rimase neutrale per i primi due anni, ma il 27 agosto del 1916, dopo aver firmato un trattato con gli Alleati, prese la decisione di dichiarare guerra all'Austria-Ungheria anche se, a causa delle alleanze, sia la Germania che la Turchia dichiararono guerra alla Romania. Inizialmente l'esercito rumeno conseguì alcune vittorie, conquistando la Transilvania, ma ai primi di settembre il generale August von Mackensen, al comando di un esercito formato da truppe tedesche, bulgare e turche, contrattaccò bloccando l'avanzata rumena. Da settembre a dicembre, dopo aver ricevuto numerosi rinforzi, si scatenò l'offensiva delle Potenze Centrali, che in pochi mesi conquistarono oltre metà della Romania, compreso la capitale Bucarest, caduta nelle mani della cavalleria tedesca il 6 dicembre 1916, e gli importanti pozzi petroliferi di Ploieşti.

L'Impero Russo fu costretto a spostare centinaia di migliaia di soldati per supportare l'esercito rumeno e impedire all'armata al comando del generale Erich von Falkenhayn di invadere la Russia. Nei primi mesi del 1917 l'esercito rumeno venne riorganizzato con l'aiuto della Francia e del Regno Unito, riuscendo così, insieme alle truppe russe, ad organizzare un'offensiva, a supporto di quella del generale Kerenskij, nel mese di maggio. Dopo aver conseguito importanti risultati, a causa dell'insuccesso dell'offensiva Kerenskij, le operazioni vennero fermate, consentendo così un contrattacco da parte dell'armata al comando del feldmaresciallo Mackensen, che venne però sconfitta nella Battaglia di Mărăşeşti, combattuta tra il 6 agosto e il 3 settembre 1917.

La conseguenza della caduta dell'Impero Russo, a seguito della Rivoluzione d'Ottobre, fu la firma dell'armistizio tra la Germania e la Russia bolscevica nel dicembre 1917. Tale armistizio privò la Romania del sostegno dell'esercito russo lasciandola in una situazione estremamente critica. Il 9 dicembre 1917, a Focşani, il Regno di Romania fu costretto a concludere un armistizio con le Potenze Centrali, seguito dal Trattato di Bucarest del 7 maggio 1918, con il quale venivano cedute importanti porzioni di territorio ai vincitori.

Il 10 novembre 1918 il Regno di Romania decise di denunciare il Trattato di Bucarest e rientrare in guerra a fianco degli Alleati. Il rinnovato esercito romeno combatté alcune battaglie con successo nelle ultime settimane del conflitto, riconquistando diversi territori ceduti a seguito della sconfitta dell'anno precedente. Al termine del conflitto, il Regno di Romania, alleato dell'Intesa contro gli Imperi Centrali, ampliò notevolmente il suo territorio, inglobando la Transilvania, la Bessarabia e la Bukovina. Con il Trattato di Saint Germain del 1919 venne ratificato il passaggio della Bucovina al Regno di Romania, mentre nel 1920, con il Trattato del Trianon e il Trattato di Parigi, vennero ratificati il possesso della Bessarabia e della Transilvania.

Grazie a queste conquiste territoriali venne raggiunto l'obiettivo, da lungo tempo desiderato, di dare vita alla *România Mare* la "Grande Romania", uno stato nazionale incorporante tutte le etnie rumene abitanti nelle nazioni confinanti. Poiché però tali territori appena conquistati includevano anche nutrite minoranze ungheresi, tedesche, bulgare, ucraine e russe, i contrasti con le nazioni confinanti furono numerosi, sfociati anche in conflitti violenti, come la guerra ungherese-rumena e l'insurrezione tartara.

Negli anni '20 e '30 il Regno di Romania fu attraversato da numerose crisi politiche, che portarono alla costituzione di ben 25 governi diversi, senza peraltro porre rimedio alle difficoltà in cui si dibatteva il Paese. In tale instabilità politica emerse l'accresciuto potere dei militari, che si concretizzò con la nomina a Primo Ministro del generale Ion Antonescu il 4 settembre 1940. Quando scoppiò la Seconda Guerra Mondiale il Regno di Romania dichiarò la propria neutralità, ma consentì il transito del Governo polacco in fuga e mantenne le relazioni con le potenze occidentali.

Come previsto negli articoli del patto Molotov-Ribbentrop in merito alla spartizione dei territori europei, l'Unione Sovietica inviò un ultimatum alla Romania il 26 giugno 1940 cui fece seguito l'occupazione della Bessarabia, della Bucovina settentrionale e il Territorio di Herța tra il 28 giugno e il 4 luglio 1940. Poiché il Regno di Romania non oppose resistenza all'Unione Sovietica, anche l'Ungheria e la Bulgaria colsero l'occasione per rientrare in possesso dei territori ceduti nel 1918. Con il secondo arbitrato di Vienna del 30 agosto 1940, tramite la mediazione della Germania e dell'Italia, la Transilvania settentrionale venne ceduta all'Ungheria, mentre con il Trattato di Craiova del 7 settembre 1940, sempre con la mediazione italo-tedesca, la Dobrugia meridionale tornava alla Bulgaria. A seguito di queste cessioni territoriali il Regno di Romania perdeva quasi la metà del proprio territorio.

Il 6 settembre 1940 il generale Antonescu costrinse re Carol II ad abdicare a favore del figlio Michele I e si autoproclamò *Conducător* (Duce), assumendo pieni poteri e avvicinandosi sempre di più alla Germania hitleriana, lasciando alla monarchia un compito prettamente formale.

Con la promessa di recuperare la Bessarabia, la Bucovina, alcuni territori dell'Ucraina e a rivedere la situazione della Transilvania, la Germania convinse il Regno di Romania ad aderire al Patto Tripartito il 23 novembre 1940. Nel 1941 affiancò la Germania nell'invasione della Russia (Operazione Barbarossa), partecipando con un contingente militare secondo per dimensioni solo a quello tedesco. Dopo la vittoria a Stalingrado, l'Armata Rossa iniziò la travolgente avanzata che nell'estate del 1944 la portò ai confini del Regno di Romania.

Preso atto della situazione, re Michele I, con un colpo di stato appoggiato dai militari e dai partiti politici, il 23 agosto 1944 destituì Antonescu e firmò l'armistizio con gli Alleati. L'esercito rumeno iniziò quindi i combattimenti contro l'ex alleato tedesco, affiancando i reparti dell'Armata Rossa, combattendo con alcuni reparti, dopo la liberazione della Romania, in Ungheria, Cecoslovacchia e Austria fino alla fine del conflitto mondiale nel maggio 1945.

Nel dopoguerra, a seguito della conferenza di pace di Parigi, circa un quinto della superficie del Regno di Romania venne ceduto all'Unione Sovietica e alla Bulgaria. Re Michele I, dopo essere stato decorato con la Medaglia della Vittoria dell'URSS, il 30 dicembre 1947 venne costretto ad abdicare, sostituito da una repubblica retta dal Partito Comunista Rumeno. Nel 1948 venne ufficialmente abolita la monarchia e varata la Costituzione della Repubblica Popolare Romena.

REPARTI CORAZZATI RUMENI

Dal 1916 al 1934

Le *Forţele Terestre Române* (Forze di terra romene) entrarono nella Prima Guerra Mondiale con un organico numericamente consistente ma materialmente debole, non erano presenti autoblindo e carri armati, inoltre gli automezzi erano presenti in un numero irrilevante, stante le dimensioni dell'esercito, la maggior parte dei trasporti era ancora a trazione animale. Questa situazione rispecchiava l'economia del paese prevalentemente agricola, con un settore industriale arretrato dove, a parte l'industria estrattiva nella zona di Ploiesti, erano presenti pochissime aziende meccaniche e metallurgiche.

La conseguenza di tali carenze industriali fu che, sia prima che durante tutto il conflitto, vennero costruite in Romania solo due autoblindo su progetto nazionale. Presso le officine dalla *Căile Ferate Române-CFR* nel 1915 venne progettata e costruita un'autoblindata utilizzando il telaio di un autocarro in riparazione armata con una mitragliatrice. Durante la guerra le officine vennero trasferite a Iaşi, dove venne costruita una seconda autoblindata di maggiori dimensioni, armata con una mitragliatrice e un cannone Hotchkiss da 57 mm modificato per il tiro antiaereo con il sistema inventato dall'ufficiale Ştefan Burileanu.

La prima unità corazzata dell'esercito rumeno fu costituita nel 1916, equipaggiata con quattro veicoli da combattimento, due Peugeot e due Renault, armati con mitragliatrici francesi Chatellerault da 8 mm, e venne chiamata *Grupul de automitraliere*. Nel novembre 1916, dopo aver ricevuto altre due auto blindate, l'unità cambiò in nome diventando *Grup de autoblindate* (Gruppo Corazzato).

Il *Grup de autoblindate* partecipò alle operazioni sulla strada di Soveja e nella gola di Grozeşti, nell'ambito dell'offensiva sviluppata dalla Seconda Armata nel luglio 1917. Nel corso del 1917 numerose autoblindo "Austin" e "Austin-Putilov" furono catturate ai disertori russi, venendo subito utilizzate dai rumeni durante i combattimenti sostenuti negli anni successivi.

Le maggior parte delle poche decine[1] di autoblindo utilizzate durante il conflitto erano di provenienza russa, costruite sulla base di telai diversi: Austin-Putilov, Garford-Putilov, Peugeot, Izhorski-Fiat, mezzi comunque usurati, molti danneggiati e bisognosi di costante manutenzione.

Terminato il conflitto il Comando delle *Forţele Terestre Române* si rese conto delle potenzialità espresse dai nuovi mezzi blindati e corazzati, decidendo nella primavera del 1919 di procedere all'acquisto di carri armati e di costituire reparti corazzati.

Tra la fine del 1918 e l'inizio del 1919 entrò in servizio una nuova autoblindata denominata *Automobil blindat M1919*, costruita in Romania sulla base di un telaio di autocarro Renault blindato con lamiere dello spessore di 6 e 8 mm, dotata di una torretta girevole esagonale armata con una mitragliatrice. Insieme ad alcune autoblindo già in servizio, venne utilizzata durante la guerra ungherese-rumena del luglio/agosto 1919, durante la quale venne anche catturata un'auto blindata Romfell, poi utilizzata per qualche anno.

Con le autoblindo in servizio vennero costituite due compagnie nel corso del 1919, anche se la varietà e il precario stato di forma dei mezzi, aggravata dalla mancanza di ricambi e dalla scarsità di personale tecnico specializzato per le riparazioni, influirono da subito sull'operatività delle compagnie.

Preso atto delle difficoltà riscontrate, fu presa la decisione di fondare una scuola dedicata alla formazione delle truppe corazzate e di costituire le prime unità corazzate. Poiché non erano

---

1 Alcune fonti citano un totale di 34 autoblindate quelle entrate in servizio, senza indicare però i numeri delle diverse marche e lo stato di efficienza delle medesime.

presenti né le competenze formative e professionali, né i mezzi e le attrezzature per dare inizio alla costituzione di quanto previsto, si decise di rivolgersi all'alleato maggiormente disponibile e presente in quel momento: la Francia. Come primo atto nell'aprile del 1919 venne emanato il Decreto Regale n. 1527 con il quale si sanciva l'istituzione della *Şcolii de Care de Asalt* (Scuola d'Assalto), assegnata al comando del colonnello Pandele Predescu.

Mentre una commissione ad hoc venne inviata in Francia il 7 giugno 1919, al comando del colonnello Traian Pascal, per stabilire i contatti con le Ditte costruttrici di carri armati e visitare le Scuole di formazione delle truppe corazzate, in Romania vennero intensificati gli incontri con la delegazione francese, che acconsentì di mettere a disposizione, a partire dal 1° luglio 1919, la 303ª Compagnia d'assalto[2], costituita da 6 ufficiali, 108 soldati, 19 carri e 12 vetture, per la nuova *Şcolii de Care de Asalt,* anche se, tale assegnazione, era soggetta a modifica in caso di criticità subentrate in aree di influenza della Francia.

Il 9 luglio i francesi comunicarono al generale Radu R. Rosetti che, come previsto dalle clausole dell'accordo siglato il 1° luglio, a causa di sopravvenute esigenze avrebbero ridotto il personale e i mezzi della 303ª Compagnia d'assalto addetti all'istruzione presso la *Şcolii de Care de Asalt.*

La Scuola doveva inizialmente essere costituita presso il presidio militare di Mihai Bravu, ma, a seguito di verifiche effettuate nel sito, venne deciso di iniziare i corsi a Giurgiu e contemporaneamente di provvedere alle sistemazioni logistiche nell'area di Mihai Bravu.

Il 21 luglio 1919 a Giurgiu, nella caserma del 5° Reggimento Fanteria "*Vlaşca*", iniziò ufficialmente l'attività della *Şcolii de Care de Asalt,* dando inizio al primo ciclo di formazione per il personale carrista, durato dal 21 luglio al 10 settembre 1919, durante il quale vennero istruiti: 16 ufficiali, 2 ufficiali riservisti, 5 capisquadra militari e 4 autisti. I carristi rumeni vennero specificamente formati su:

- Istruzione tecnica del carro leggero "Renault" FT-17
- Istruzione tattica del carro leggero "Renault" FT-17 su guida, armamento e fuoco

Nel frattempo, il 16 luglio la commissione agli ordini del colonnello Pascal aveva riferito in patria di aver concordato il trasferimento in Romania di 76 carri armati Renault FT17[3], 48 armati con il cannone Puteaux SA 18 calibro 37 mm e i restanti 28 con la mitragliatrice Hotchkiss Mle 1914 calibro 8 mm, oltre ad attrezzature e ricambi. Era stata prevista anche la fornitura di almeno 3 carri armati comando TFS dotati di impianti radio, ma tali mezzi non vennero consegnati. I carri armati vennero destinati al nuovo reparto corazzato.

In applicazione dell'Ordinanza n. 1401 emanata dalla Segreteria Generale del Ministero della Guerra, il 1° agosto 1919 venne ufficialmente costituita la prima unità corazzata rumena: il *Batalionul 1 Care de Luptă*. Iniziava la storia dei carristi delle *Forţele Terestre Române*.

Insediato presso la *Şcolii de Care de Asalt,* con la quale condivideva il Quartier Generale e il comandante, il *Batalionul 1 Care de Luptă* venne posto alle dipendenze della 3ª Direzione di Artiglieria. La formazione del battaglione, strutturato su 4 compagnie, officina riparazione e officina mobile, venne completata il 1° ottobre, con un organico di 25 ufficiali e 376 tra sottufficiali, graduati e soldati. Poiché nel mese di ottobre erano terminati i lavori alle infrastrutture e ai locali del presidio di Mihai Bravu, il 28 ottobre 1919 avvenne il trasferimento della *Şcolii de Care de Asalt* presso la nuova sede, dove gli istruttori rumeni, addestrati a Giurgiu, iniziarono la loro attività a favore delle reclute. Anche la nuova sede di Mihai Bravu però non soddisfaceva le necessità legate alla formazione di un'unità corazzata, per cui il colonnello Predescu predispose un'accurata relazione tecnica che fu inviata al ministro della Guerra, che intervenne approvando il trasferimento del *Batalionul 1 Care de Luptă* a Târgovişte.

---

2 Secondo un'altra fonte la Compagnia incaricata dell'addestramento a favore dei rumeni sarebbe stata la 302ª Compagnia d'assalto, derivante dalla 303a Compagnia d'assalto dispiegata a Reni in Bessarabia.
3 Alcune fonti indicano invece in 72 i carri Renault FT-17 acquistati, 45 armati con cannone e 27 con mitragliatrice.

▲ La prima autoblindo costruita in Romania presso la *Căile Ferate Române*-CFR nel 1915 *(https://en.wikipedia.org/wiki/File:1915_-_Automobil_blindat.jpg).*

▼ L'Automobil blindat M1919 a Budapest durante la breve guerra tra la Romania e l'Ungheria nel luglio/agosto 1919 *(https://wofmd.com/2019/02/12/automobil-blindat-m1919/).*

Nell'aprile del 1920 venne completata la consegna dei carri armati e dei mezzi addetti alla logistica, questi comprendevano anche 32 trattrici francesi per il traino dei carri armati e 7 autocarri leggeri Fiat. Tutto il materiale veniva consegnato a Giurgiu dove una commissione, composta dal colonnello Predescu, dal maggiore Negrescu e dai capitani Nicolau e Vâlveanu, verificava la qualità e l'efficienza del materiale da assegnare successivamente ai reparti.

Con l'Alto Regio Decreto n. 5488 emanato il 25.12.1920, in vigore dal 1° Gennaio 1921, venne istituito il *Regimentul Carelor de Luptă* (Reggimento Carri). Nella nuova struttura confluirono il *Batalionul 1 Care de Luptă,* i treni blindati, le compagnie autoblindo e la compagnia mitragliatrici, per un organico totale di 26 ufficiali e 764 soldati. Tale struttura evidenziò da subito i problemi derivanti dalle differenze operative dei mezzi in servizio e dalle tattiche in uso.

Nel 1922 si procedette quindi a cedere i treni blindati al reggimento di artiglieria antiaerea, e il 1° aprile il *Regimentul Carelor de Luptă* assunse la seguente struttura:

- Quartier Generale
- Deposito
- Officina riparazioni
- *Batalionul 1 Care de Luptă* (3 compagnie carri armati e 1 compagnia trasporti)
- Battaglione mitragliatrici/autoblindo (2 compagnie mitragliatrici e 1 compagnia autoblindo)

Nell'estate del 1924 lo Stato Maggiore delle *Forţele Terestre Române* iniziò a prendere in considerazione la costituzione di un secondo battaglione di carri armati. Nel 1925 il Reggimento venne sottoposto ad una nuova riorganizzazione, in quanto il battaglione mitragliatrici/autoblindo venne trasferito al Centro di addestramento di cavalleria di Sibiu.

Nel corso del 1926 il *Regimentul Carelor de Luptă*, a seguito dell'ennesima riorganizzazione e della costituzione del secondo battaglione carri armati, assunse la seguente struttura:

- Quartier Generale
- *Batalionul 1 Care de Luptă*
- *Batalionul 2 Care de Luptă*
- Compagnia autoblindo
- Officina riparazioni

con un organico totale di 34 ufficiali, 385 tra sottufficiali, graduati e soldati, 22 civili.

▲ Lo Squadrone Corazzato del Centro di addestramento della cavalleria a Sibiu nel 1927, l'autoblindo a sinistra è una Austin mentre quella a destra è una Renault (*www.resboiu.ro/95-de-ani-de-la-infiintarea-armei-tancurilor*)

▲ Autoblindo rumene appartenenti al *Grup de autoblindate* a Bazau nell'inverno del 1916 *(www.iwm.org.uk/collections/item/object/205320856)*

I battaglioni carri armati erano costituiti da 3 compagnie: due compagnie carri e una trasporti. Le compagnie carri erano dotate ognuna di 19 carri Renault FT-17, organizzate in tre plotoni da 5 carri di cui 3 armati con cannone e 2 con mitragliatrici. Il totale dei carri armati in servizio assommava a 76 carri armati FT-1917. Nel marzo del 1928 venne inoltre istituito l'Ufficio Istruzione all'interno del Reggimento, struttura specializzata nella pianificazione e coordinamento delle attività addestrative, mentre nel 1929 fu solennemente consegnata la bandiera di guerra.

Consolidata la struttura del *Regimentul Carelor de Luptă,* proseguiva l'addestramento degli equipaggi e l'attività addestrativa dei reparti, evidenziando però le sempre maggiori difficoltà dei mezzi a disposizione, usurati e bisognosi di continue e approfondite manutenzioni. La scarsa disponibilità di mezzi operativi raggiunse l'apice nel 1930, quando solo 34, tra carri armati e autoblindo, risultavano ancora operativi, anche se molto spesso erano in cattive condizioni.

Venivano nuovamente a galla, come già accaduto nella Prima Guerra mondiale, l'arretratezza industriale della Romania, le carenze di industrie metallurgiche e meccaniche, la scarsa meccanizzazione generale e nello specifico dell'Esercito, con una economia essenzialmente agricola e con il settore dei trasporti in gran parte ancora incentrato sul traino animale e ferroviario. Non solo l'Esercito era scarsamente motorizzato e meccanizzato, ma anche la riparazione dei veicoli in servizio era problematica, stante l'assenza di industrie motoristiche nazionali in grado di produrre ricambi e preparare tecnici qualificati. L'unica azienda automobilistica presente nella nazione era la Ford Romania, che assemblava veicoli importando pezzi provenienti dall'estero.

Ma non era solo la produzione di veicoli ad essere inadeguata alle necessità delle *Forțele Terestre Române,* anche il settore delle riparazioni dei veicoli in servizio era deficitaria. Oltre all'officina di riparazione dell'esercito, solo poche officine appartenenti alla ditta Leonida erano presenti e in grado di effettuare le riparazioni e la manutenzione sui mezzi operativi.

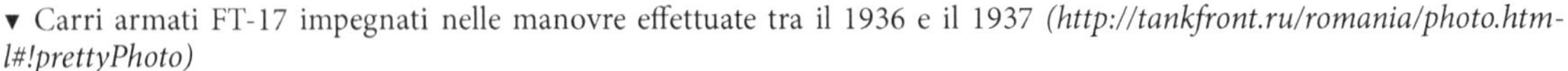

▲ Ufficiali e carristi intorno ad un carro armato FT-17 nei pressi del fiume Tibisco agli inizi degli anni '20 *(http://tankfront. ru/romania/photo.html#!prettyPhoto)*

▼ Carri armati FT-17 impegnati nelle manovre effettuate tra il 1936 e il 1937 *(http://tankfront.ru/romania/photo.html#!prettyPhoto)*

Due fattori influirono pesantemente sulla crescita delle forze corazzate rumene: l'addestramento effettuato dai francesi che portò in dote ai rumeni la loro dottrina, indirizzata più al supporto alla fanteria che al combattimento tra forze corazzate, e l'arretratezza industriale che impedì di produrre mezzi corazzati e blindati validi.

L'applicazione integrale della dottrina francese fece sì che i reparti carristi rumeni fossero addestrati a supportare la fanteria, suddivisi in piccole unità operanti sotto il comando dei reparti di fanteria o dell'artiglieria ai quali erano stati assegnati a supporto. Numerosi giovani ufficiali cercarono di approfondire le dottrine operative e l'organizzazione delle truppe corazzate di altre nazioni, Unione Sovietica, Italia, Gran Bretagna e in seguito Germania, producendo studi e documentazione dove venivano confrontate le diverse dottrine operative e le organizzazioni dei reparti. Nonostante questo fermento dottrinale però nessun cambiamento venne effettuato, il *Regimentul Carelor de Luptă* rimase immutato con i compiti previsti dalla dottrina francese.

L'arretratezza industriale emerse ufficialmente a seguito di una approfondita ispezione, voluta dallo Stato Maggiore rumeno nel 1934, che sancì l'impossibilità di produrre autonomamente veicoli corazzati in Romania, costringendo così le *Forţele Terestre Române* a dover ricorrere ad aziende estere per procedere all'acquisto di tutti i mezzi occorrenti al rinnovamento della linea di combattimento.

La presa d'atto della deficitaria situazione operativa del *Regimentul Carelor de Luptă*, delle difficoltà legate alle arretratezze industriali, il miglioramento delle condizioni economiche del paese, la situazione politica europea, finalmente portarono lo Stato Maggiore delle *Forţele Terestre Române* ad elaborare un piano per il potenziamento delle forze corazzate.

▲ Un carro armato FT-17 impegnato in esercitazione con la fanteria a fine anni '30 *(http://tankfront.ru/romania/photo. html#!prettyPhoto)*

▲ Carri armati FT-17 durante le manovre invernali svolte alla fine degli anni '20.

▼ Ufficiali rumeni e francesi, con alcuni carristi in uniforme da fatica, posano con due Renault FT-17 davanti alla *Şcolii de Care de Asalt* di Giurgiu nell'agosto 1919.

Il riarmo: dal 1935 al 1940

Le esportazioni petrolifere[4] consentirono un netto miglioramento della situazione economica della Romania negli anni '30, consentendo l'approvazione nel 1935 di un ambizioso programma di riarmo delle *Forțele Terestre Române* di durata decennale. L'obiettivo principale del piano era quello di riarmare l'esercito uniformando le armi in dotazione, migliorare e ampliare la motorizzazione e la meccanizzazione della fanteria e dell'artiglieria. Nel piano era anche previsto il potenziamento delle unità corazzate. È da sottolineare come il programma di ammodernamento fosse realistico e sia stato rispettato nei tempi previsti, con gli obiettivi raggiunti ogni anno fino alla sua data di scadenza.

Data l'assenza di aziende nazionali in grado di soddisfare le esigenze del piano di riarmo, fu giocoforza rivolgersi a società straniere. Per sostituire gli ormai obsoleti e ultra usurati Renault FT-17 in servizio, gli ufficiali rumeni delle commissioni incaricate degli acquisti si rivolsero alle principali società europee produttrici di veicoli corazzati: Vickers, Renault, Polish Ursus, ČKD e Škoda.

Dopo aver valutato numerosi veicoli, l'8 gennaio 1936 venne chiesto alle società cecoslovacche ČKD (Českomoravská Kolben-Daněk) e Škoda di presentare un'offerta relativa alla fornitura di carri armati per l'esercito rumeno. Il 14 agosto 1936 a Praga vennero siglati i contratti preliminari, con l'applicazione di condizioni molto rigorose, per la fornitura di 35 carri leggeri Praga AH-IV da parte della società ČKD e di 126 carri leggeri LT-35 da parte della società Škoda.

Il Praga AH-IV era un carro leggero dal peso di 3,5 ton., dotato di una corazzatura dallo spessore di 12 mm, armata con una mitragliatrice pesante ZB-37 e una leggera ZB-30 ambedue in calibro 7,92 mm in torretta girevole, con un motore Praga RHR V6 da 60 CV[5] e una trasmissione migliorata Praga-Wilson. Il carro al suo ingresso in servizio nelle *Forțele Terestre Române* venne denominato R-1, mentre per la ČKD la denominazione era AH-IV-R. Le consegne degli R-1 iniziarono nel 1937 e si conclusero a metà 1938. Il 22 febbraio 1939 venne sottoscritto un accordo con la ČKD per la produzione su licenza di ulteriori 380 carri R-1 da parte società rumena Malaxa, i carri prodotti in Romania sarebbero stati designati R-1-a. La Malaxa costruì un unico prototipo, perché, a seguito delle esperienze dei carri leggeri durante la guerra in Polonia, lo Stato Maggiore decise di non acquistare più carri leggeri, ritenuti non più idonei al combattimento.

I carri R-1 vennero dati in dotazione alle brigate di cavalleria 5, 6 e 8, che ricevettero ognuna sei carri armati R-1, mentre le brigate 1, 7 e 9 ne ricevettero quattro. Anche il Centro di addestramento della cavalleria di Sibiu ebbe in dotazione il carro armato R-1 sino al 1943.

Il Lehký Tank vzor 35 - LT vz. 35, la designazione ufficiale della fabbrica era Š-II-a, era un carro leggero costruito dalla Škoda su richiesta dell'esercito cecoslovacco, le cui consegne erano iniziate nel luglio del 1936. Si trattava di un mezzo armato con un cannone da 37 mm, una corazzatura che variava dai 16 mm ai 25 mm e un motore Škoda T-11/0 da 118 CV che gli permetteva di raggiungere una velocità di 35 km/h. I carri rumeni avevano corazze in alcuni punti meno spesse del mezzo originale e la torretta modificata, vennero designati R-2 mentre per la Škoda furono denominato Š-IIa-R.

Lo sviluppo del R-2 fu afflitto da numerose problematiche, legate principalmente al fatto che l'LT vz. 35 era un mezzo nuovo, afflitto da numerosi problemi di "dentizione" che la Škoda risolse in itinere, ma che nel 1937 mostrava ancora una affidabilità piuttosto scarsa. Inoltre diversi ufficiali rumeni, coinvolti nel programma, formularono numerose richieste di modifiche, talvolta illogiche, che causarono notevoli ritardi nello sviluppo del prototipo. Vennero così prodotte due versioni: il carro armato R-2 standard con lamiere in acciaio dolce e il carro armato R-2c con lamiere in acciaio cementato[6].

---

4 I principali impianti di estrazione erano situati a Ploiești.
5 Alcune fonti affermano che in Romania i carri abbiano avuto il motore depotenziato a circa 50 CV per migliorarne ulteriormente la durata.
6 Metà carri R-2 e l'altra metà R-2c. I due carri si distinguevano per la forma diversa del retro della torretta e nella corazzatura posteriore dello scafo.

▲ Ufficiali e carristi intorno ad un carro armato FT-17 nel 1939 *(http://tankfront.ru/romania/photo.html#!prettyPhoto)*

▲ Il prototipo del carro leggero R-1 impegnato nelle prove presso lo stabilimento della ČKD (*https://warspot.net/190-little-tank-great-success*)

▼ Carri armati FT-17 appartenenti al *Batalionul Carelor de Lupta FT* a Odessa nell'aprile 1942 (*https://forums.tripwireinteractive.com/index.php?*)

▲ Interno di un carro leggero R-1 in costruzione *(https://thereaderwiki.com/en/R-1_tank)*

Poiché le consegne ritardavano e la Romania voleva iniziare l'addestramento sui nuovi carri armati, la Cecoslovacchia prestò 15 carri armati LT-35 nel maggio 1937. Oltre ad essere utilizzati per iniziare l'addestramento, questi 15 LT-35 parteciparono alla parata di fine luglio 1938 a Bucarest, per poi rientrare alla Škoda dove furono portati allo standard del carro R-2.

La consegna dei 126 carri armati R-2 venne completata solo nel febbraio 1939, quando giunsero in Romania gli ultimi 32 carri a completamento dell'ordine sottoscritto nel 1936, furono tutti assegnati al *Regimentul 1 Care de Luptă*[7].

Per quanto riguarda la fornitura di mezzi corazzati, la Romania non solo si rivolse alla Cecoslovacchia, ma continuò la collaborazione con la Francia firmando nel dicembre del 1937 un accordo per la costruzione su licenza di 200 Renault R35. A causa delle conclamate carenze industriali però, l'accordo non poté essere finalizzato e i carri R35 vennero acquistati direttamente. A causa delle esigenze dell'esercito francese, e delle consegne già in corso verso Jugoslavia, Polonia e Turchia, la consegna dei carri destinati alla Romania subì notevoli ritardi. Alla fine del 1939 risultavano consegnati solo 41 R35 sui 200 ordinati. A seguito dell'occupazione della Francia da parte dei tedeschi l'ordine venne annullato e quindi furono solo 41 in totale i nuovi R35 entrati in servizio.

Agli R35 in Romania venne sostituita la mitragliatrice originale Chatellerault da 7,5 mm con la mitragliatrice cecoslovacca ZB da 7,22 mm e, negli anni seguenti, furono anche apportate modifiche alle sospensioni e la sostituzione delle ruote gommate dei carrelli con altre in metallo[8].

7 Nuova denominazione del *Regimentul 1 Carelor de Lupta*
8 Questo carro armato era poco apprezzato dai carristi rumeni, perché ben blindato ma molto lento, inaffidabile e senza radio.

A seguito della Campagna di Polonia, scoppiata il 3 settembre 1939, a fine settembre parte del 305°
Battaglione polacco sconfinò in Romania, consegnando alle forze armate rumene un totale di 34
carri armati R35 appartenenti al reparto. In base all'accordo intercorso tra le autorità rumene e
polacche, i mezzi vennero incorporati nelle *Forţele Terestre Române* mentre il personale venne
imbarcato sulle navi che raggiunsero il Regno Unito. Grazie a questa inattesa consegna, il totale
di carri armati Renault R35 in servizio nell'esercito rumeno alla fine del 1939 fu di 75 mezzi. Tutti
i carri armati R35, designati Care de Lupta Tip R-35, vennero consegnati al *Regimentul 2 Care de
Luptă*, costituito il 1° novembre 1939.

Oltre ai carri R35, dalla Francia nel 1937 vennero acquistate una decina di Renault UE Chenillette, un
veicolo corazzato cingolato leggero destinato al traino del cannone anticarro Schneider da 47 mm.
Intenzionata a creare un'industria nazionale in grado di produrre veicoli corazzati, il Ministero della
Difesa rumeno acquistò nel 1937 la licenza per la produzione locale di 300 Chenillettes. La licenza
venne acquisita dalla Società Malaxa di Bucarest e il veicolo venne designato Şenileta Malaxa Tipul
UE. Ad eccezione del motore, del cambio e del quadro strumenti, tutte le altre componenti del veicolo
vennero prodotte da Malaxa, con la produzione iniziata nella seconda metà del 1939 e terminata
nel marzo 1941, a causa dell'interruzione delle forniture da parte francese a seguito della sconfitta
contro i tedeschi, per un totale di 126 mezzi. Nel 1941 una cinquantina di Renault UE Chenillette
francesi, catturate dai tedeschi in Francia, venne consegnata alla Romania dalla Germania. Il totale
dei mezzi in servizio nelle *Forţele Terestre Române,* all'inizio dell'operazione Barbarossa, assommava
quindi a 178 veicoli dei quali 126 Şenileta Malaxa Tipul UE e 52 Renault.

▲ Un carro leggero R-1 impegnato nelle prove valutative propedeutiche all'acquisto del mezzo nel 1935.

Tra il 1936 e il 1937 il *Regimentul 1 Care de Luptă,* grazie ai nuovi carri armati già consegnati o in consegna, venne organizzato in tre battaglioni. In relazione all'equipaggiamento militare, i battaglioni furono nominati come segue: 1° Battaglione "Renault", 2° Battaglione "R2" e 3° Battaglione" R2".

Preso atto delle difficoltà della Francia a rispettare le consegne dei carri R35, la Romania si rivolse nuovamente alla Cecoslovacchia alla ricerca di un carro medio adatto alle caratteristiche richieste. Una delegazione rumena visitò la ČKD, dove gli vennero mostrati il nuovo carro leggero AH-IV-S, il TNH-S migliorato e il V-8-H, e poi la Škoda, dove poterono vedere i cannoni semoventi leggeri Š-ID e Š-Ij e il carro medio Š-IIc. La delegazione rumena fu particolarmente interessata al carro leggero R-2a[9] e ai carri armati medi V-8-H e T-21[10]. Nel maggio 1939 i carri armati vennero sottoposti a test nel poligono di Suditi, test che vennero superati facilmente. La Romania ordinò quindi alla Škoda 216 carri armati medi T-21 e alla ČKD 395 carri leggeri TNHPS[11], ma i tedeschi intervennero bloccando l'esportazione dei carri armati ordinati.

Il miglioramento dei mezzi nelle *Forţele Terestre Române* non avvenne solamente tramite gli acquisti, ma nel corso del 1939 tramite la requisizione di carri armati e autoblindo, in servizio in Cecoslovacchia e Polonia[12], entrati in Romania a seguito delle occupazioni tedesche. I primi veicoli

---

9 Si trattava del carro armato R-2 dotato di un motore potenziato, una corazzatura aumentata e di un impianto radio.
10 La Cecoslovacchia cedette la licenza di produzione del T21 all'Ungheria e il carro armato venne prodotto dall'industria magiara con la denominazione di Turán I.
11 Si trattava del carro armato LT vz 38, per i tedeschi Panzerkampfwagen 38(t).
12 Vedi paragrafo dedicato al carro Renault R-35.

requisiti furono 3 autoblindo OA vz.27, 9 OA vz.30 e 1 carro armato LT-35 appartenenti al 7°
battaglione carri armati cecoslovacchi, che attraversarono i confini rumeni per evitare di consegnare
i loro mezzi ai tedeschi nel marzo 1939. Le autoblindo OA vz.27 e OA vz.30 vennero utilizzate
per attività di sicurezza interna, almeno 2 OA vz.27 vennero distrutte durante i bombardamenti
su Ploieşti durante l'estate del 1944, mentre le OA vz.30 sembra siano state in servizio presso la
guardia del corpo del Maresciallo Antonescu[13], almeno 3 furono distrutte durante i bombardamenti
su Ploieşti.

Mentre procedeva l'ingresso in servizio dei nuovi carri armati, rimanevano in servizio alla fine del
1938 circa 60[14] carri Renault FT-17 (denominati FT17), con i quali venne costituito un battaglione
autonomo, il *Batalionul Carelor de Lupta FT*, con il compito di provvedere alla sicurezza degli
impianti petroliferi. Il 1° settembre 1939 a Târgovişte venne istituita il *Centrului de instructie
motomecanizat* (Centro di addestramento motorizzato)[15], con il compito di addestrare i futuri
carristi e il 1° novembre venne ufficialmente costituito il *Regimentul 1 Care de Lupta* con sede a
Târgu Mureş.

▲ Un carro armato R-2 sfila a Bucarest durante la parata per la conquista della città di Odessa nell'ottobre 1941, si può
notare distintamente la "Croce di Michele I" nei tre colori bianco-giallo-rosso dipinta sui portelli del cofano motore aperti
(http://tankfront.ru/romania/photo.html#!prettyPhoto)

---

13 Si trattava del *Batalionul de gardă al mareşalului Antonescu*, poi ampliato in *Regimentul de gardă al Conducătorului
Statului*.
14 In realtà i carri FT17 operativi erano solo 20.
15 Al Centro di addestramento motorizzato vennero assegnati tutti i carri FT in servizio.

▲ Un carro leggero R-1 appartenente ad una Divisione di Cavalleria durante una cerimonia all'interno di una caserma *(http://tankfront.ru/romania/photo.html#!prettyPhoto)*

▼ Il trentunesimo esemplare del carro leggero R-1 pronto alla consegna, da notare lo stemma di Carol II dipinto sulla torretta *(https://thereaderwiki.com/en/R-1_tank)*

▲ Parata a Bucarest di Şenileta Malaxa Tipul UE con al traino il cannone AT leggero Schneider da 47 nel 1940 (*www.facebook.com/Count-High-School-Girls-und-Panzer-1548083418836988)*

▼ Una Şenileta Malaxa Tipul UE durante una sfilata nel 1940 (*www.cartula.ro/forum/topic/15383-malaxa-renault-ue-2-al-treilea-deget-dintr-un-pumn-de-fier/)*

▲ Una Şenileta Malaxa Tipul UE sfila a Chişinău dopo la cattura della città *(www.cartula.ro/forum/topic/15383-malaxa-renault-ue-2-al-treilea-deget-dintr-un-pumn-de-fier/)*

▼ Carri armati R-2 pronti per essere consegnati alla Romania presso lo stabilimento Škoda nel febbraio 1939 *(https://thereaderwiki.com/en/Panzer_35(t)#Variants)*

▲ Carri armati R-35 appartenenti al *Regimentul 2 Care de Luptă* in caserma a Bucarest nel 1940 *(da: Armata română şi evoluţia armei tancuri. Documente (1919-1945)- op. cit. in bibliografia)*

▼ Carri armati R-35 appartenenti al *Regimentul 2 Care de Luptă* in caserma a Bucarest nel 1940 *(www.worldwar2.ro/media/?article=366)*

▲ Colonna di autoblindo cecoslovacche appartenenti alla 3ª compagnia, la seconda autoblindo è una OA27 targata 13.349 ed è una delle tre OA vz. 27 che vennero riutilizzate dai rumeni, a seguito dell'internamento e confisca, dopo aver oltrepassato il confine nel 1939 *(https://www.valka.cz/OA-vz-27-13-349-t54508)*

▼ L'autoblindo cecoslovacca OA vz. 30 targata 13387 era una delle nove OA vz. 30 che tra il 16 e il 17 marzo 1939 vennero internate e riutilizzate dai rumeni dopo che la Cecoslovacchia era stata invasa dai tedeschi (https://www.valka.cz/CZK-OA-vz-30-t10104)

L'adesione della Romania al Patto Tripartito e l'influenza militare tedesca 1940 – 1941

Nel gennaio 1940 a Târgovişte venne costituita la *Brigada 1 motomecanizata,* formata dai due reggimenti carri da battaglia, con il *Regimentul 1 Care de Luptă* armato con i 126 carri leggeri R-2 e il *Regimentul 2 Care de Luptă* con i 75 R-35. Le valutazioni della Campagna di Polonia furono senza alcun dubbio alla base della costituzione della Brigata motorizzata, anche se dal punto di vista tecnico le carenze legate alla tipologia dei carri armati presenti e all'organizzazione della nuova formazione erano certamente un ostacolo all'operatività della Brigata. Ma ancor più dell'aspetto tecnico era la dottrina operativa, legata ancora al concetto francese di utilizzo dei carri armati in funzione di supporto alla fanteria, che poneva dei limiti al raggiungimento di quei risultati ottenuti dalle truppe tedesche in Polonia.

Il 2 luglio 1940 avvenne il primo combattimento dei reparti corazzato rumeni a Giurgiulesti, in prossimità del ponte sul fiume Prut, durante l'evacuazione della Bessarabia a seguito dell'occupazione da parte dell'Unione Sovietica. Si scontrarono la 5ª compagnia appartenente al 2 battaglione del *Regimentul 1 Care de Luptă,* al comando dal capitano Popescu, e una colonna di circa 70 mezzi blindati e corazzati sovietici. I tre plotoni dotati di carri R-2 aprirono il fuoco con proiettili perforanti quando i carri sovietici arrivarono a 300 metri di distanza, sparando circa 80 proiettili, distruggendo 4 carri armati nemici. Da notare che i carri sovietici risposero al fuoco utilizzando però solamente proiettili esplosivi senza provocare danni ai carri rumeni.

Mentre sull'Europa si addensavano con sempre maggior velocità le cupe nebbie della guerra, la Romania si avvicinò politicamente sempre di più alla Germania nazista. Il 12 ottobre 1940, a seguito della ratifica dell'accordo firmato dal governo rumeno con il Ministro degli Esteri del Terzo Reich, una Missione Militare Tedesca giunse in Romania, con il compito di addestrare le *Forţele Terestre Române* secondo la dottrina militare germanica. Tra i compiti degli istruttori tedeschi anche quello di addestrare i rumeni ad effettuare operazioni con unità corazzate complesse e la guerra lampo.

▲ Şenileta Malaxa Tipul UE con al traino il cannone AT leggero Schneider da 47 sfilano a Bucarest nel 1939 *(www.pressreader.com/uk/history-of-war/20201001/282449941461643)*

Cambiare la mentalità degli alti comandi circa l'utilizzo delle unità corazzate, applicando la dottrina tedesca, fu un compito impegnativo per i tedeschi, troppo forte era la resistenza dei comandanti della fanteria a privarsi del sostegno dei carri armati, così come gli era stato insegnato per decenni applicando la dottrina francese!

Nel frattempo, il 23 novembre 1940, la Romania aderì al Patto Tripartito, legando il suo futuro politico alla Germania, all'Italia e al Giappone.

Il 17 aprile 1941 la *Brigada 1 motomecanizata,* grazie all'assistenza degli istruttori tedeschi e all'addestramento intensivo svolto, venne trasformata nella *Divizia 1 Blindată* (1ª Divisione Corazzata). La struttura organizzativa della Divisione prevedeva i seguenti reparti:

- Quartier Generale
- 101° Gruppo Esplorante
- Plotone stradale
- Plotone polizia militare
- Batalionul 1 Specialități Motomecanizat
- Batalionul 1 Geniu Motorizat
- *Regimentul 1 Care de Luptă*
- *Regimentul 2 Care de Luptă*
- *Regimentul 3 „Vânători Moto"*
- *Regimentul 4 „Vânători Moto"*
- *Regimentul 1 Artilerie Motorizat*
- Servizi divisionali

▲ Gruppo di Șenileta Malaxa Tipul UE catturate dai sovietici durante i combattimenti a Stalingrado *(http://tankfront.ru/romania/photo.html#!prettyPhoto)*

Si trattava quindi di una Divisione molto pesante, con una forza di quattro Reggimenti, con i Reggimenti carri composti da due battaglioni ognuno su tre compagnie carri e una compagnia manutenzione, i due Reggimenti *"Vânători Moto"* (cacciatori motorizzati) sempre su due battaglioni ognuno su tre compagnie fanteria e una compagnia mitragliatrici, un Reggimento di artiglieria motorizzato con un gruppo cannoni da 75 mm, un gruppo obici da 100 mm, un gruppo cannoni da 105 mm, oltre ad un gruppo esplorante motorizzato e a varie unità di servizi.

Durante l'addestramento alle tattiche di impiego in massa dei reparti corazzati, emersero nettamente le differenze di velocità e di caratteristiche operative dei carri R-2 rispetto agli R-35, differenze che rendevano estremamente difficoltoso un impiego unitario dei due Reggimenti. Venne presa perciò la decisione di eliminare dall'organico della *Divizia 1 Blindată* il *Regimentul 2 Care de Luptă* dotato di carri R-35 che divenne quindi un Reggimento carri autonomo.

Nonostante fosse considerata sulla carta una forte unità corazzata, nella realtà erano numerose le carenze sia nei veicoli da combattimento che in quelli di supporto. In servizio c'erano solo 109 carri armati R-2 nel giugno 1941, mancavano pezzi di ricambio e le officine riparazioni avevano poche attrezzature per effettuare le riparazioni sul campo, con la conseguenza che la gran parte dei carri armati da riparare dovevano essere trasportati in Arsenale con tempi lunghi per averli nuovamente in dotazione, mancavano operatori radio e la cooperazione tra le varie armi era considerata dai tedeschi insufficiente, era ad un discreto livello solamente a livello di plotone. A causa di queste manchevolezze i tedeschi consideravano la *Divizia 1 Blindată* come un Reggimento rinforzato, mentre per i sovietici era considerata una Brigata.

▲ L'equipaggio di un carro armato R-2, appartenente al *Regimentul 1 Care de Luptă,* posa insieme ad alcuni ufficiali nel 1941 *(https://es-la.facebook.com/1438185513093766/posts/historia-militarrumania-tanques-ligeros-r1-r2tanque-ligero)*

Alla data dell'entrata in guerra della Romania, il 22 giugno 1941, la *Divizia 1 Blindată* aveva la seguente organizzazione:

- Quartier Generale
- Gruppo Esplorante
- Plotone stradale
- Plotone polizia militare
- Battaglione Specialistico Motorizzato
- Compagna Motociclisti
    - 1ª e 2ª Compagnia Antiaerea
    - 1ª e 2ª Compagnia Anticarro
- Battaglione 1 Genio Motorizzato
- Compagnia Pionieri
- 101ª Compagnia Trasmissioni
- Compagnia materiali da ponte
- *Regimentul 1 Care de Luptă*
    - Quartier Generale
    - Compagnia Comando
    - Batalion 1.Care de Lupta
    - Batalion 2.Care de Lupta
- *Regimentul 3./4.Vanatori Motorizate*[16]
    - Quartier Generale
    - Compagnia Comando
    - Batalion 1.Vanatori Motorizate / Regimentul 3.Vanatori Motorizate
    - Batalion 2.Vanatori Motorizate / Regimentul 4.Vanatori Motorizate
- *Regiment 1.Artilerie Motorizate*
    - Quartier Generale
    - Plotone Trasmissioni
    - Plotone Antiaereo
- Divizion 1.Artilerie – 3 Batterie
- Divizion 2.Artilerie – 3 Batterie
- Divizion 3.Artilerie – 3 Batterie
- Servizi divisionali

Il *Regimentul 1 Care de Luptă* era costituito da due battaglioni di carri armati, ciascuno con 3 compagnie di carri armati, formate da 5 plotoni ognuno con 3 R-2, e una compagnia di riparazioni, per un totale di 109 R-2 in servizio.

Il *Regimentul 2 Care de Luptă* era costituito da due battaglioni di carri armati, ciascuno con 3 compagnie di carri armati, formate da 3 plotoni ognuno con 3 R-35, e una compagnia di riparazioni, per un totale di 75 R-35 in servizio. Diventato autonomo, il Reggimento venne trasferito alle dipendenze del Quartier Generale della 4ª Armata e assegnato al 3° Corpo d'Armata durante la campagna per le riconquista della Bessarabia e della Bucovina settentrionale e per l'assedio di Odessa.

---

16 Il Regimentul 3./4.Vanatori Motorizate era un Reggimento di Cacciatori Motorizzati composto da due battaglioni appartenenti uno al 3° e uno al 4° Regimentul Vanatori Motorizate, i restanti due battaglioni dei reggimenti rimasero nel loro deposito in Romania, terminando la loro motorizzazione e addestramento.

▲ Un carro armato R-2 ripreso di ¾ posteriore dove si può vedere il dettaglio che lo distingue dall'LT vz. 35, il retro della torretta è costituito da due lamiere rivettate, mentre quello dell'LT vz. 35 è in un'unica lamiera *(www.facebook.com/Count-High-School-Girls-und-Panzer-1548083418836988)*

▼ Carristi appartenenti al *Regimentul 2 Care de Luptă* posano su un carro armato R-35 nella caserma di Târgovişte nel 1939 *(https://relicsandmilitaria.ro/romanian-army-motorized-tank-unit-officer-parade-belt-buckle/)*

▲ Truppe tedesche sorpassano autocarri con truppe e un carro armato R-2 rumeni sulla strata   Orhei – Chisinau il 15 luglio 1941 *(http://tankfront.ru/romania/photo.html#!prettyPhoto)*

22 Giugno 1941 - La Romania entra in guerra

Domenica 22 giugno 1941 iniziò l'Operazione Barbarossa, nome dato all'invasione dell'Unione Sovietica, da parte della Germania e di alcune nazioni alleate dell'Asse. Le prime fasi del conflitto interessarono pure il fronte rumeno, anche se si trattò principalmente di scambi di artiglieria, puntate esplorative effettuate da ambo le parti e numerose azioni da parte delle forze aeree sui due schieramenti e sulle città di confine.

L'offensiva generale sul fronte del fiume Prut, operazione München - Operațiunea München, scattò il 2 luglio, coinvolgendo la *Divizia 1 Blindată*. Subordinata all'11ª Armata tedesca, al comando del generale di brigata Ion Sion, la *Divizia 1 Blindată* iniziò le operazioni militari il 3 luglio 1941, quando superò il Prut attraversando il ponte Țefănești, dirigendosi verso Moghilău cooperando con reparti tedeschi appartenenti all'XI Corpo d'Armata e al Corpo di cavalleria rumeno. Contribuì quindi, insieme ai reparti della 22ª e della 76ª divisione di fanteria tedesca, alla conquista di Brânzeni il 4 luglio e inseguì le truppe sovietiche in ritirata. A Brânzeni si combatté il primo scontro tra carri armati rumeni e sovietici della Seconda Guerra Mondiale, quando un plotone di carri R-2 venne attaccato da una dozzina di carri sovietici. Nello scontro due T-28 e un R-2 furono distrutti. L'8 luglio raggiunse il fiume Dnestr, poi si diresse verso Soroca, all'inseguimento della 176ª divisione fucilieri sovietici, quindi Bălți, dove il 12 luglio passò agli ordini del 54° Corpo d'Armata tedesco schierandosi a sostegno della 4ª Armata rumena.

Il 14 luglio la *Divizia 1 Blindată* scattò all'attacco delle forti difese sovietiche predisposte a difesa del massiccio della Cornești, riuscendo a sfondare le linee difensive perdendo due carri R-2. La Divisione proseguì nell'attacco per la conquista della capitale della Moldova, Chișinău, conquistata il 16 luglio al prezzo di un carro R-2 distrutto e cinque danneggiati. Conquistata Chișinău i reparti della Divisione proseguirono l'inseguimento della 95ª divisione di fucilieri sovietici attraverso il

▲ Il generale Pantazi ispeziona il 5° Squadrone Meccanizzato dell'8ª Divisione di Cavalleria in Crimea, l'8 agosto 1942, si noti lo stemma in torretta con San Giorgio che uccide il drago *(http://www.worldwar2.ro/foto/?id=49&area=31)*

▲ Plotone di carri leggeri R-1, appartenenti allo squadrone di ricognizione di una Divisione di cavalleria, avanza verso Odessa nell'estate 1941. Notare che il primo R-1 sta trainando il secondo R-1 con i cavi d'acciaio *(http://tankfront.ru/ romania/photo.html#!prettyPhoto)*

Dnestr fino a Tighina, conquistata il 19 luglio, perdendo altri 3 carri R-2.

Dopo aver attraversato il Dnestr tra il 5 e il 6 agosto 1941, la *Divizia 1 Blindată* fu assegnata alla 4ª Armata con l'obiettivo di conquistare Odessa. La città era protetta da due linee difensive e presidiata da circa 100.000 soldati, con centinaia di cannoni e carri armati. La Divisione, partendo dalla testa di ponte Cârleni-Carantin, iniziò l'avanzata verso Odessa insieme alla 7ª Brigata di cavalleria, ma la mancata cooperazione con la fanteria compromise l'attacco e causò pesanti perdite. Durante i combattimenti seguiti all'attacco da Bujalik verso Odessa tra l'11 e il 14 agosto, il *Regimentul 1 Care de Luptă* perse un totale di 47 carri armati, tra distrutti e danneggiati.

Anche il *Regimentul 2 Care de Luptă*, dopo aver perso la metà dei carri R-35 a causa di guasti meccanici durante il trasferimento sulla linea del fronte, venne coinvolto nei combattimenti per la conquista di Odessa a supporto dei reparti del I Corpo d'Armata.

A seguito delle pesanti perdite subite, a partire dal 14 agosto la *Divizia 1 Blindată* non venne più utilizzata come massa corazzata, ma i suoi carri armati furono impiegati a supporto della fanteria destinata agli attacchi alle difese che proteggevano Odessa. I carri R-2 parteciparono quindi alla

▲ Un carro leggero R-1 rumeno catturato dall'esercito sovietico nei pressi di Odessa nel settembre 1941 *(http://wio.ru/tank/romania.htm)*

▼ Plotone di carri leggeri R-1, appartenenti allo squadrone di ricognizione meccanizzata, di una brigata di cavalleria durante l'avanzata in Ucraina nel 1941 *(https://thereaderwiki.com/en/R-1_tank)*

▲ Un carro leggero R-1 abbandonato nei pressi di Stalingrado *(https://thereaderwiki.com/en/R-1_tank)*

eliminazione di centri di fuoco sovietici tra il 14 e il 15 agosto e al primo attacco alla città tra il 16 e il 20. Anche in questo caso la mancata collaborazione tra fanteria e carri armati comportò la perdita di numerosi carri: 11 distrutti e 24 danneggiati. Alla data del 20 agosto rimanevano operativi solo 20 carri armati R-2 dai 105 presenti ad inizio operazioni il 2 luglio. Il 21 agosto 46 carri R-2 danneggiati vennero trasportati a Chişinău per essere riparati[17].

Le perdite subite in mezzi e uomini costrinsero la *Divizia 1 Blindată* a procedere ad una riorganizzazione, che portò alla costituzione di un distaccamento motorizzato, con il personale e i mezzi in grado di combattere, e al ritiro dal fronte per la ricostituzione del resto della Divisione. Il distaccamento costituito, denominato *"Eftimiu"* dal nome del suo comandante, comprendeva:

- Battaglione carri armati R-2 (20 carri)

- Battaglione cacciatori motorizzati

- Gruppo cannoni Schneider da 105 mm

- Gruppo obice Skoda da 100 mm

- Compagnia pionieri

---

17 Emergeva drammaticamente la carenza di officine campali in grado di effettuare anche le riparazioni più semplici, in quasi tutti i casi era necessario trasportare i carri armati danneggiati o guasti nelle retrovie o in Romania per poter procedere alle riparazioni, con conseguente perdita di potenzialità da parte del Reggimento per lunghi periodi.

- Compagnia antiaerea cannoni da 20 mm

- Compagnia cannoni anticarro da 47 mm

- Batteria cannoni antiaerei da 37 mm

Tra il 26 e il 31 agosto il distaccamento *"Eftimiu"*, subordinato all'XI Corpo d'Armata, prese parte all'assedio di Odessa, subendo notevoli perdite, tra le quali anche 11 carri armati.

A seguito del ritiro dal fronte del *Regimentul 1 Care de Luptă*, il 1° settembre 1941 al distaccamento *"Eftimiu"* vennero assegnati anche i superstiti carri R-35 del *Regimentul 2 Care de Luptă* e un battaglione di cacciatori motorizzati appartenenti al *Regimentul 3. Vanatori Motorizate*. Prese quindi parte ad altri due vani attacchi per la conquista di Odessa, cosicché alla data del 14 settembre rimanevano operativi solo 10 carri armati R-35.

Il 27 settembre 1941 il distaccamento *"Eftimiu"* venne riorganizzato, addestrato da istruttori tedeschi e denominato 1° Distaccamento d'assalto, con lo specifico compito di condurre l'assalto finale per la conquista della città. Il Distaccamento d'assalto era costituito dai seguenti reparti:

- Battaglione carri armati (12 R-2 e 10 R-35)

- Battaglione cacciatori motorizzati

- Gruppo obici Skoda da 100 mm

- Gruppo cannoni Schneider da 105 mm

- Compagnia antiaerea da 20 mm

- Battaglione speciale (dotato di lanciafiamme , cannoni anticarro e mortai)

Il 1° Distaccamento d'assalto, insieme alla 7ª Brigata di cavalleria mista, scattò all'attacco delle posizioni difensive sovietiche il 16 ottobre 1941, entrando tra le prime unità a Odessa, nel frattempo abbandonata dalla guarnigione sovietica via mare durante la notte. Il 24 ottobre il 1° Distaccamento d'assalto venne sciolto.

Dall'entrata in guerra a fine giugno all'ottobre 1941, la *Divizia 1 Blindată* ebbe a subire le seguenti perdite: 34 ufficiali, 102 sottufficiali, 1.152 soldati tra morti, feriti e dispersi, 206 veicoli e 86 carri armati[18]. Il *Regimentul 1 Care de Luptă* ebbe 26 carri armati distrutti, 60 danneggiati gravemente e molti altri danneggiati lievemente. Il *Regimentul 2 Care de Luptă* perse invece 15 R-35 e 25 furono danneggiati gravemente.

Con la conquista della città di Odessa si concluse il primo ciclo operativo delle forze corazzate rumene, sia la *Divizia 1 Blindată* che il *Regimentul 2 Care de Luptă* furono ritirati dal fronte e ritornarono in Romania per essere riorganizzate. Preso atto dell'obsolescenza dei carri R-35, il *Regimentul 2 Care de Luptă* venne trasformato in un'unità addestrativa incaricata di formare i nuovi carristi destinati a reintegrare le perdite del *Regimentul 1 Care de Luptă*.

I combattimenti in cui erano stati coinvolti la *Divizia 1 Blindată* e il *Regimentul 2 Care de Luptă* avevano evidenziato notevoli carenze nell'impiego tattico dei mezzi corazzati rumeni, dovuto alla mancanza di un'efficace ricognizione, alla dottrina errata che contemplava ancora il supporto alla fanteria anche con piccoli gruppi di carri e non l'utilizzo della massa corazzata per sfondare le linee difensive avversarie, le difficoltà della logistica e la carenza delle officine campali. Di contro era emerso il valore combattivo degli equipaggi e la loro abilità nei combattimenti.

Per quanto riguarda il reintegro dei carri R-2 persi dal *Regimentul 1 Care de Luptă*, per prima cosa si

---

18 Secondo altre fonti le perdite ammontarono a 1.261 uomini, 111 carri e 220 altri veicoli.

▲ Soldati sovietici ispezionano un carro leggero R-1 rumeno catturato durante la battaglia per la conquista di Odessa nel settembre 1941 *(https://thereaderwiki.com/en/R-1_tank)*

▼ Şenileta Malaxa Tipul UE impegnate nell'occupazione della Bessarabbia nel luglio 1941 *(http://tankfront.ru/romania/photo.html#!prettyPhoto)*

procedette all'invio dei numerosi carri danneggiati e/o distrutti parzialmente, recuperati sui campi di battaglia dopo la vittoria, presso le officine: 40 carri vennero inviati per la revisione a Pilsen e 50 a Ploieşti per effettuare le riparazioni, tra la fine del 1941 e gennaio 1942, successivamente furono richiesti nuovi carri all'alleato tedesco, che consegnò 26 Pz.Kpfw. 35 (t).

Mentre si procedeva al ripristino e alla revisione dei carri R-2, dalla Bessarabbia, dalla Bucovina e da Odessa vennero recuperati, entro luglio 1942, 62 carri armati di diversi modelli, 72 carri leggeri, 38 trattori cingolati e 18 autoblindo sovietici che servirono per ricostruire 17 tra carri armati, carri leggeri e blindati consegnati per attività addestrative nelle scuole e alle unità di sicurezza. Dalla Transnitria furono trasferiti in Romania pezzi, armamenti e corazze recuperati smantellando 11 carri armati, 29 carri leggeri e 18 autoblindo. Tale attività di recupero materiale bellico nemico dai campi di battaglia, era dovuto alla carenza di materie prime e di prodotti lavorati da sempre carenti in Romania, oltre ad essere il segnale delle difficoltà in cui versava l'industria manifatturiera rumena.

Completata la riorganizzazione e il ripristino dei mezzi e dei materiali, la *Divizia 1 Blindată* ritornò al fronte nell'estate 1942 a seguito dell'inizio delle operazioni nella Russia meridionale, venendo assegnata alla III Armata romena. Nell'autunno fu schierata sul fiume Don, a nord-ovest di Stalingrado, integrata con due divisioni corazzate tedesche nel XXXXVIII Panzerkorps, la riserva mobile dell'Asse nel settore. Nel confronto con i carri armati sovietici i carri R-2 erano ormai superati e con nessuna possibilità di vittoria in caso di scontro, soprattutto se si trattava dei T-34, nei confronti dei quali i proiettili da 37 dei cannoni in dotazione agli R-2 non scalfivano neanche la corazza.

Preso atto della situazione, i tedeschi decisero di fornire ai rumeni alcuni carri medi, per cui furono consegnati alla *Divizia 1 Blindată* 11 carri medi PzKpfw III Ausf. N (T-3 per i romeni) e altrettanti

▲ Şenileta Malaxa Tipul UE, con al traino il cannone AT leggero Schneider da 47, sfilano a Bucarest in occasione della presa di Odessa nell'ottobre 1941 *(http://tankfront.ru/romania/photo.html#!prettyPhoto)*

▲ Şenileta Malaxa Tipul UE con al traino un mortaio pesante nel 1942 *(www.cartula.ro/forum/topic/15383-malaxa-re-nault-ue-2-al-treilea-deget-dintr-un-pumn-de-fier/)*

carri medi PzKpfw IV Ausf. G (T-4)[19], 10 autoblindo SdKfz 222 (AB) per l'unità da ricognizione, 9 cannoni PaK 38 da 5 cm e 9 PaK 97/38 da 7,5 cm per il battaglione anticarro.

Alla vigilia della battaglia di Stalingrado, la *Divizia 1 Blindată*, al comando del maggior generale Radu Gheorghe, era composta da:

- Quartier Generale
- Gruppo esplorante motorizzato
- Compagnia polizia militare
- Plotone polizia stradale
- Compagnia di Trasmissioni
- *Regimentul 1 Care de Luptă*
- *Regimentul 3.Vanatori Motorizate*
- *Regimentul 4.Vanatori Motorizate*
- *Regiment 1.Artilerie Motorizate*
- Battaglione pionieri motorizzato
- Battaglione anticarro
- Compagnia antiaerea
- Servizi divisionali

L'organico della Divisione comprendeva: 501 ufficiali, 593 sottufficiali, 11.592 soldati; l'armamento consisteva in 9.335 fucili, 278 fucili mitragliatori, 61 mitragliatrici, 67 mortai e 36 cannoni; i veicoli assommavano a 1.358; i carri armati in dotazione erano 109 R-2, 11 T-3, 11 T-4, 1 T-60 e 1 BT-7 catturati[20], 10 AB e 8 veicoli trasporto truppe semicingolato Sd.Kfz. 251.

---

19 I carri T-3 e T-4 vennero consegnati il 17 ottobre al *Regimentul 1 Care de Luptă,* mentre 1 T-3 e 1 T-4 vennero conse-gnati al *Regimentul 2 Care de Luptă* per l'addestramento delle reclute.
20 Secondo altre fonti si tratterebbe di 2 T-26.

▲ Il 2 luglio 1941 inizia l'offensiva per la conquista della Bessarabia, un carro armato R-2 avanza dopo aver superato il fiume Prut *(http://tankfront.ru/romania/photo.html#!prettyPhoto)*

Il *Regimentul 1 Care de Luptă* era composto da due battaglioni, ciascuno su quattro compagnie, nel 1° battaglione le compagnie 1ª - 2ª e 3ª dotate di carri armati R-2, la 4ª con il carro medio T-4, nel 2° battaglione le compagnie 5ª - 6ª e 7ª con gli R-2 e la 8ª con il T-3. Solo le compagnie 4ª e 8ª, dotate di carri armati medi T-3 e T-4, erano oramai in grado di poter combattere ad armi pari contro la massa di carri T-34 e KV in dotazione alle brigate corazzate sovietiche.

Ai primi di ottobre del 1942 la Divisione raggiunse con un lungo trasferimento, durante il quale ben 12 carri R-2 furono bloccati dai guasti, la 6ª Armata tedesca impegnata nell'assedio di Stalingrado.

La *Divizia 1 Blindată,* con 84 carri R-2, 19 carri tra T-3 e T-4 e 2 veicoli sovietici catturati operativi e 37 carri nelle retrovie in riparazione, venne inserita nel XXXXVIII Panzerkorps tedesco e si schierò presso Perelazovskij. Il 19 novembre 1942 l'Armata Rossa scatenò l'operazione Urano, la gigantesca offensiva destinata ad intrappolare le Armate tedesche impegnate a Stalingrado. A seguito dello sfondamento operato dai sovietici nel fronte della 3ª Armata rumena sul Don, su ordine del XXXXVIII Panzerkorps la *Divizia 1 Blindată* iniziò il movimento da Perelazovskij verso nord per contrattaccare e cercare di tamponare la falla. A mezzogiorno il comando del XXXXVIII Panzerkorps ricevette l'ordine di deviare verso nord-ovest per raggiungere il settore tra Blinovskij e

▲ Carri armati R-2 mimetizzati con frasche e rami, appartenenti al *Regimentul 1 Care de Luptă* della *Divizia 1 Blindata* , avanzano in Bessarabia nel luglio 1941 *(http://tankfront.ru/romania/photo.html#!prettyPhoto)*

▼ Un carro R-2 appartenente al *Regimentul 1 Care de Luptă* in fiamme dopo essere stato colpito dagli anticarro sovietici a Odessa nel settembre 1941 *(http://tankfront.ru/romania/photo.html#!prettyPhoto)*

▲ Carri armati R-2 appartenenti alla *Divizia 1 Blindată* entrano a Chişinău, capitale della Moldova, il 16 luglio 1941 *(ht-tps://historice.ro/armata-romana-si-frontul-de-est-vazute-din-perspectiva-rusa/#jp-carousel-5091)*

▲ Un plotone di carri armati R-2 del *Regimentul 1 Care de Luptă* percorre una via di Odessa dopo la conquista della città a settembre 1941 *(http://tankfront.ru/romania/photo.html#!prettyPhoto)*

▼ Carri armati R-2 sfilano a Bucarest durante la parata per la conquista della città di Odessa nell'ottobre 1941, si può notare distintamente la "croce di Mihai I" nei tre colori bianco-giallo-rosso dipinta sul cofano motore e, stranamente data l'epoca, ancora lo stemma di Re Carol II in torretta *(http://tankfront.ru/romania/photo.html#!prettyPhoto)*

▲ Un carro armato R-2 appartenente alla *Divizia 1 Blindată* mimetizzato in una foresta sul fronte del Don nel 1942 *(www. eurasia1945.com/protagonistas/ejercitos/ejercito-real-rumano/)*

▼ Carri armati R-2 appartenenti alla *Divizia 1 Blindată* avanzano nella Bucovina nel luglio 1941 *(http://wio.ru/tank/ romania.htm)*

▲ Carro armato R-2 n. 234 del *Regimentul 1 Care de Luptă* danneggiato presso la stazione di Odessa in attesa di essere trasferito a Ploieşti per le riparazioni, davanti si nota un carro sovietico BT abbandonato *(http://tankfront.ru/romania/photo.html#!prettyPhoto)*

▼ Un carro armato R-2 del *Regimentul 1 Care de Luptă* distrutto sul fronte sud *(http://tankfront.ru/romania/photo.html#!prettyPhoto)*

▲ Carro armato R-2 appartenenti alla *Divizia 1 Blindată* durante la battaglia di Stalingrado nel dicembre 1942 *(www.worldwar2.ro/media/?article=366)*

▼ Il capocarro del carro armato R-2 n. 215 appartenente al *Regimentul 1 Care de Luptă*, con la ruota di rinvio e il parafango sx danneggiati, attende ordini per proseguire l'avanzata nel 1941 *(https://bmashine.tumblr.com/image/183624965619)*

▲ Il carro armato R-2 n. 234 passa a fianco del carro R-2 distrutto dalle fiamme nella città di Odessa nel settembre 1941 (*http://tankfront.ru/romania/photo.html#!prettyPhoto*)

▼ Il carro armato R-2 n. 412 appartenente al *Regimentul 1 Care de Luptă* in marcia verso il fronte nel settembre 1942 (*http://tankfront.ru/romania/photo.html#!prettyPhoto*)

▲ Un carro armato R-35 del *Regimentul 2 Care de Luptă* con il suo equipaggio, fotografato nella città di Odessa nell'autunno 1941 *(http://tankfront.ru/romania/photo.html#!prettyPhoto)*

▼ Un carro armato R-35 del *Regimentul 2 Care de Luptă* utilizzato in un posto di blocco nella città di Odessa nell'autunno 1941 *(http://tankfront.ru/romania/photo.html#!prettyPhoto)*

▲ Carri armati R-35 appartenenti al *Regimentul 2 Care de Luptă* sfilano a Bucarest in occasione della presa di Odessa nell'ottobre 1941, da notare la fascia blu dipinta intorno alla torretta *(https://tanks-encyclopedia.com/ww2/romania/vana-torul-de-care-r35/)*

▲ Soldati rumeni posano con l'equipaggio di un carro armato R-35 appartenente al *Regimentul 2 Care de Luptă* a Odessa nell'autunno 1941 *(http://tankfront.ru/romania/photo.html#!prettyPhoto)*

▼ Un carro armato R-35 appartenente al *Regimentul 2 Care de Luptă* percorre una strada dell'Ucraina nel 1941 *(http://tankfront.ru/romania/photo.html#!prettyPhoto)*

▲ Due carri armati R-35 rimorchiano un BT-2 catturato in Bessarabia nel luglio 1941 *(www.worldwar2.ro/media/?article=366)*

▼ Un carro armato R-35 appartenente al *Regimentul 2 Care de Luptă* in marcia verso Odessa nel 1941 *(http://tankfront.ru/romania/photo.html#!prettyPhoto)*

▲ Carro armato T-3 appena consegnato al *Regimentul 1 Care de Luptă* nel 1942 *(http://tankfront.ru/romania/photo.html#!prettyPhoto)*

▼ Carro armato T-3 appartenente alla 8ª compagnia del *Batalionul 2 Care de Lupta - Regimentul 1 Care de Luptă - Divizia 1 Blindată* sul fronte di Stalingrado nell'autunno 1942 *(http://tankfront.ru/romania/photo.html#!prettyPhoto)*

▲ Carro armato T-3 appartenente alla 8ᵃ compagnia del *Batalionul 2 Care de Lupta* sul fronte di Stalingrado nell'autunno 1942 *(da: Armata română și evoluția armei tancuri. Documente (1919-1945)- op. cit. in bibliografia)*

▼ Trattori leggeri Ford Rusesc De Captura, con al traino cannoni anticarro PaK 38 da 5 cm, durante una sfilata nell'autunno del 1943 *(http://tankfront.ru/romania/photo.html#!prettyPhoto)*

▲ Carro armato T-26 sovietico catturato e subito riutilizzato dai rumeni, da notare la Croce di Michele I dipinta sul frontale e sui fianchi del carro oltre alla coccarda tricolore sul portello della torretta *(https://resboiu.wordpress.com/tag/r-2/)*

▼ Re Michele I e il Maresciallo Ion Antonescu durante un'ispezione al fronte nel luglio 1941 *(https://it.wikipedia.org/wiki/Michele_I_di_Romania)*

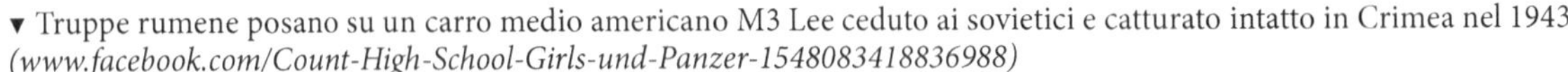

▲ Carro armato T-34/76 distrutto dai rumeni e utilizzato come osservatorio nei dintorni di Stalingrado nell'inverno 1942 *(www.worldwar2.ro/media/?article=366)*

▼ Truppe rumene posano su un carro medio americano M3 Lee ceduto ai sovietici e catturato intatto in Crimea nel 1943 *(www.facebook.com/Count-High-School-Girls-und-Panzer-1548083418836988)*

▲ Carro armato T-4 appena consegnato al *Regimentul 1 Care de Luptă* nel 1942 *(da: Armata română şi evoluţia armei tancuri. Documente (1919-1945)- op. cit. in bibliografia)*

▼ Una colonna corazzata entra a Chişinău, capitale della Bessarabia, nel luglio 1941, motociclisti su motocarrozzetta Zündapp KS 600 precedono la colonna di carri armati R-2 *(http://tankfront.ru/romania/photo.html#!prettyPhoto)*

Žirkovskij, dove avrebbe dovuto attaccare in direzione della testa di ponte di Serafimovič. Mentre la 22.Panzer-Division eseguì la manovra, vennero persi i collegamenti con la *Divizia 1 Blindată* che proseguì quindi verso nord-ovest perdendo ogni contatto con le unità tedesche del XXXXVIII Panzerkorps.

Mentre le unità tedesche avevano preso contatto con le colonne corazzate sovietiche iniziando una serie di battaglie dall'esito incerto che si susseguirono tra il pomeriggio del 19 e il 20 novembre tra Blinovskij e Pešcanij, la *Divizia 1 Blindată* aveva finalmente deviato ad ovest per cercare di ricongiungersi con la 22.Panzer-Division, ma a Žirkovskij venne intercettata da due brigate appartenenti al 26° Corpo carri sovietico e il 20 novembre venne respinta verso est e accerchiata. I combattimenti furono feroci, le perdite da ambo le parti furono molto pesanti. La Divisione rivendicò la distruzione di 62 carri armati nemici, perdendone 25 solo durante il primo giorno di combattimenti. Dopo 3 giorni rimanevano disponibili solamente 19 carri armati R-2 e 11 carri armati tra T-3 e T-4, ma parecchi carri erano danneggiati e molti dovevano essere trainati perché il carburante era terminato.

Nonostante la precaria situazione operativa, alla *Divizia 1 Blindată* venne assegnato il compito di tentare di rompere l'accerchiamento della 22.Panzer-Division, tentativo che fallì con l'ulteriore perdita di 2 carri armati e 59 automezzi. A fine novembre finalmente i resti della Divisione riuscirono a rompere l'accerchiamento e a ricongiungersi con la 22.Panzer-Division, per poi attraversare il fiume Čir e porsi a difesa della nuova linea difensiva. Il 2 dicembre 1942 sul fiume Čir la *Divizia 1 Blindată* schierava ancora 2 carri armati e 944 uomini.

Ricevuti 4 carri armati e 700 uomini, oltre ad alcuni carri armati leggeri e qualche semicingolato

▲ Compagnia del *Batalionul care da lupta T-38* del *Regimentul 2 Care de Luptă* in marcia verso la testa di ponte del Kuban il 13 agosto 1943 *(http://tankfront.ru/romania/photo.html#!prettyPhoto)*

▲ Vânători de munte in posa su un carro armato T-38 appartenente al *Batalionul care da lupta T-38* nell'estate del 1943 in Crimea *(da: Armata română și evoluția armei tancuri. Documente (1919-1945)- op. cit. in bibliografia)*

tedeschi, il 4 dicembre 1942 i resti della Divisione andarono a formare il *Detasamentul colonnello Nistor* (Distaccamento speciale del colonnello Nistor), che continuò a combattere sul fiume Čir, impedendo l'attraversamento del fiume ai sovietici, perdendo però tutti i suoi carri armati durante i combattimenti contro la 22ª brigata motorizzata della guardia.

Nel gennaio 1943 tutti i superstiti reparti della *Divizia 1 Blindată* ricevettero l'ordine di rientrare in Romania, dove gli ultimi contingenti giunsero a marzo. Di tutti i carri armati in servizio ad inizio novembre 1942 furono solamente 40 quelli che poterono essere recuperati, si trattava quasi esclusivamente di R-2 inviati nelle officine di riparazione nelle retrovie o in Romania.

Nel calderone della steppa russa finì anche la carriera di quasi tutte i carri leggeri R-1, in servizio nei plotoni esploranti corazzati delle brigate di cavalleria, persi nei combattimenti o per guasti[21].

Le perdite in uomini e mezzi sostenute durante i combattimenti dalla *Divizia 1 Blindată* nel settore del Don furono particolarmente elevate: 130 ufficiali, 87 sottufficiali, 3.067 soldati, quasi 3.000 congelati, 474 fucili, 149 fucili mitragliatori, 22 mitragliatrici, 55 mortai, 22 cannoni, 678 veicoli e 86 carri armati. Per quanto riguarda le perdite dei carri armati, circa un terzo venne distrutto dai sovietici mentre il resto venne abbandonato perché guasto e non si riuscì a recuperarlo. In tutto il ciclo operativo sul Don giunse alla Divisione un solo R-2 come rinforzo a dicembre.

---

21 Ci sono evidenze dell'uso da parte dei reparti esploranti della cavalleria rumena di carri leggeri americani M3 Stuart catturati ai sovietici.

▲ Carri armati T-38 appartenenti al *Batalionul care da lupta T-38* in marcia verso la testa di ponte del Kuban nell'estate del 1943 *(http://tankfront.ru/romania/photo.html#!prettyPhoto)*

▼ Carro armato T-38, con il suo equipaggio, appartenente al *Batalionul care da lupta T-38* schierato in Crimea dal giugno 1943 *(https://historice.ro/armata-romana-si-frontul-de-est-vazute-din-perspectiva-rusa/#jp-carousel-5091)*

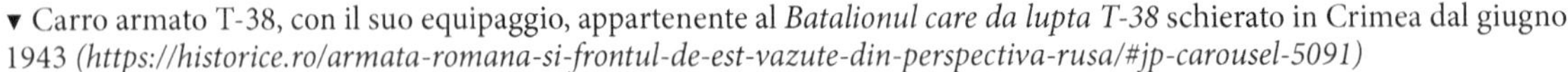

Dalla ricostruzione allo scioglimento - 1943 – 1944

Rientrata in patria, si iniziò la ricostruzione e riorganizzazione della *Divizia 1 Blindată,* recuperando per prima cosa tutti i carri armati danneggiati per avviarli alle officine per le opportune riparazioni. La situazione dei materiali era estremamente critica, in quanto i carri R-2, per non parlare degli R-35, erano oramai obsoleti e inadatti a contrastare le forze corazzate sovietiche dotate di carri armati medi e pesanti in sempre maggior numero. Oltre alla carenza di carri armati adeguati alle necessità, era necessario provvedere all'addestramento delle nuove reclute, all'adeguamento delle dottrine operative dimostratesi deficitarie nella prima parte del conflitto, al rimpiazzo dei mezzi logistici perduti a Stalingrado e all'approvvigionamento dei materiali e dei ricambi.

La carenza principale era certamente quella relativa alla mancanza di carri armati moderni, che solo i tedeschi potevano fornire, anche se non ne disponevano in grandi quantità. La richiesta di nuovi carri armati venne accolta dai tedeschi, anche se inizialmente con mezzi di seconda mano e già anch'essi superati. L'altra possibilità di ripristinare la dotazione di carri, per permettere ai reparti di tornare a combattere, era quella di costruirne autonomamente, cosa difficile data la scarsa industrializzazione e la carenza di materie prime. Nonostante le difficoltà però, nel corso del 1943 e del 1944, le officine e le industrie rumene riuscirono a costruire alcune decine di carri armati e cacciacarri interessanti, che furono utilizzati in combattimento fino alla fine del conflitto.

Nei primi mesi del 1943, il MIAPR (Ministero rumeno della dotazione dell'esercito e della produzione bellica) emise l'ordine per 150 carri armati tra T-3 e T-4[22] oltre a 56 cannoni d'assalto Sturmgeschütz III. Alla data del 15 aprile 1943 nelle *Forţele Terestre Române* erano presenti 149 carri armati, di cui 15 R-2, 54 R-35, 1 T-3, 1 T-4. Lo Stato Maggiore stava vagliando la proposta di ricostituire i battaglioni carri con una compagnia dotata di carri armati con cannone da 88 mm e due compagnie con carri T-4, proposta assolutamente condivisibile visto la qualità dei carri armati sovietici da affrontare, ma irrealizzabile a causa dei costi economici e dalla difficoltà di ottenere i mezzi necessari dall'alleato tedesco.

Nella seconda quindicina dell'aprile 1943 vennero consegnati i seguenti mezzi dai tedeschi: 164 auto, 172 autocarri, 56 trattori, 21 ambulanze e 50 carri armati PzKpfw 38(t) (T-38 per i romeni), questi ultimi giunti direttamente dalla Škoda dopo essere stati revisionati. Nel periodo tra maggio e agosto presso l'officina divisionale vennero riparati 12 R-2, portando così il numero di carri operativi a 27 sui 61 in carico.

Con i 50 PzKpfw 38(t), ricevuti nel marzo 1943[23], era intenzione dell'esercito rumeno costituire tre compagnie carri armati leggeri da inserire in tre divisioni di cavalleria come reparti esploranti, ma la Wehrmacht impose, come condizione di vendita, la consegna a reparti impegnati direttamente al fronte in Crimea. Venne così costituito il *Batalionul care da lupta T-38* del *Regimentul 2 Care de Luptă,* formato da tre compagnie: 51, 52 e 53 ognuna composta da 15 carri T-38, oltre a 5 T-38 tenuti come riserva presso il comando di battaglione. Si trattava di carri Ausf. A, Ausf. B e Ausf. C usurati, anche se revisionati in ditta, oramai obsoleti e inadatti al confronto con i mezzi sovietici, inoltre al loro arrivo presso il battaglione venne riscontrato che solo 17 erano operativi, mentre gli altri 33 necessitavano di pesanti manutenzioni!. Il *Batalionul care da lupta T-38,* operativo dal giugno 1943 ed assegnato al Corpo di Cavalleria, venne inviato nella testa di ponte del Kuban per appoggiare le forze romene intrappolate. Durante i primi combattimenti vennero persi 7 T-38, a causa dei cannoni anticarro e degli attacchi della fanteria sovietica.

Seguendo la ritirata dei reparti dell'Asse, il *Batalionul care da lupta T-38* giunse in Crimea, dove prese parte a pesanti combattimenti fino ai primi mesi del 1944, quando i superstiti delle compagnie

---

22 Anche se inizialmente era previsto l'ordine anche di carri armati T-3, in realtà i carri armati consegnati furono solo i T-4.
23 Secondo un'altra fonte i Panzer 38(t) furono consegnati tra il 15 maggio e il 24 giugno 1943.

▲ Due carri armati T-38 del *Batalionul care da lupta T-38* abbandonati in Crimea nell'autunno 1943 *(http://tankfront.ru/romania/photo.html#!prettyPhoto)*

51 e 52 vennero evacuati via nave in Romania, con solo 10 T-38 operativi[24]. Con i cinque T-38 del comando di battaglione nell'inverno 1943/44 venne costituita la compagnia 54.

La consegna di questi materiali, siano carri armati o veicoli blindati o autocarri, non avevano assolutamente risolto la carenza di mezzi che impediva il ripristino dei reparti combattenti della *Divizia 1 Blindată*. Il 23 settembre 1943[25] venne quindi approvato un nuovo programma di armamento, comprendente la fornitura di carri armati, cannoni d'assalto, veicoli corazzati e motorizzati, chiamato "Olivenbaum", con i quale poter ripristinare l'operatività della *Divizia 1 Blindată*. oltre a a fornire i mezzi destinati al Comando delle Truppe Motorizzate, alla 1° Divisione Addestramento Corazzato e alla trasformazione dell'8ª divisione di cavalleria motorizzata in una nuova divisione corazzata denominata *Divizia 2 blindată* (2ª Divisione Corazzata). Tutte queste nuove unità erano parte del programma della Legge di Riordino delle Forze Armate Rumene. Il programma "Olivenbaum" venne seguito da "Olivenbaum II" e "III", tutti conclusi tra la fine del 1943 e l'estate del 1944. Le consegne furono molto lente, nel 1943 furono consegnati solo 31 T-4 e 4 Sturmgeschütz III Ausf. G (T.As. T3 per i rumeni) mentre entro agosto 1944 giunsero altri 83 T-4[26] e 104 T.As. T3. I T-4 erano principalmente del tipo Ausf. H e Ausf. J, ma almeno 32 erano di seconda mano e usurati, in quanto provenienti dalla 23.Panzer-division.

Oltre ai carri armati previsti nei programmi concordati, la Germania promise di consegnare anche 3 carri comando Panzerbefehlswagen IV, 40 autoblindo Sd.Kfz.222, 8 autoblindo italiane AB 41 catturate dopo l'8 settembre, 45 semicingolati Sd.Kfz.250 (denominati SPW leggeri) e 27 Sd.Kfz.251/1 Ausf. D (SPW medi).

Se l'acquisto dei carri armati e dei cannoni d'assalto tedeschi procedeva anche se a rilento, la necessità di rinforzare i reparti corazzati e sostituire i mezzi antiquati era sempre più una priorità per i vertici

---

24 Altre fonti indicano che invece nell'aprile 1944 erano ancora presenti 10 T-38 della Compagnia 53 a supporto della 10ª divisione di fanteria in Crimea.

25 Secondo alcune fonti la Legge per il Riordino delle Forze Armate fu promulgata il 28 ottobre 1943.

26 Il totale dei Panzerkampfwagen IV consegnati dalla Germania alla Romania è tuttora fonte di incertezza, il numero di 126 T-4 consegnati è considerato come il numero che più si avvicina alla realtà, ma per alcune fonti il numero oscilla tra 114 e 127, per altre di 129 o 131, oppure 108 o 114 ed infine 118 o 120.

▲ Addestramento dei fanteria alla lotta anticarro utilizzando carri armati T-38 *(www.worldwar2.ro/media/?article=366)*

▼ Vânători Motorizate, appartenenti alla *Divizia 1 Blindată*, a bordo di SPW medi durante l'addestramento nella primavera del 1944 *(https://m.facebook.com/groups/1045025415560649/permalink/1233119916751197/)*

▲ Il generale Radu Korne, comandante della *Divizia Românâ Mare,* in piedi a destra nel semicingolato osservava le manovre sul campo della divisione nell'aprile 1944 *(www.avalanchepress.com/RomaniaMare.php)*

delle *Forţele Terestre Romȃne*. Utilizzando i cannoni e i carri armati catturati ai sovietici, le poche industrie nazionali in grado di progettare e produrre veicoli corazzati e le capacità tecniche del colonnello Ghiulai, vennero progettati e successivamente costruiti alcuni interessanti cacciacarri utilizzati fino alla fine del conflitto.

Il primo mezzo progettato nel 1942 fu il **TACAM R-1** "Tun Anticar pe Afet Mobil" (cannone anticarro su dispositivo mobile), utilizzando il carro leggero R-1 come base sulla quale installare un cannone sovietico 45 mm M1937. La proposta ufficiale per la conversione di 14 R-1 in TACAM R-1 alle *Forţele Terestre Romȃne* venne inviata nel 1943, ma venne respinta in quanto il cannone da 45 mm era ormai obsoleto e inadatto a contrastare i carri armati sovietici.

Nel 1943 venne progettato il **TACAM T-38**, che prevedeva la conversione del PzKpfw 38(t), in cacciacarri, installando il cannone sovietico F-22 da 76,2 mm, catturato in numerosi esemplari dai rumeni, e utilizzando per la blindatura corazze recuperate dai veicoli sovietici catturati. Anche questo progetto, molto simile al Marder III tedesco, rimase sulla carta in quanto, quando venne accettato nel 1944, la Romania aveva cambiato alleato e tutti i materiali catturati ai sovietici erano stato confiscati e recuperati dai nuovi alleati.

Se i primi due progetti erano rimasti sulla carta, il nuovo programma si rilevò invece fattibile e risultò anche discreto sotto l'aspetto operativo: il **TACAM T-60** "Tun Anticar pe Afet Mobil/Tun autopropulsat cu Afet Mobile" (cannone anticarro su dispositivo mobile/cannone semovente su dispositivo mobile). Avendo a disposizione decine e decine di cannoni F-22 da 76,2 mm e più di 100 carri armati leggeri T-60, catturati ai sovietici nei primi anni di guerra, stante la necessità di equipaggiare con mezzi all'altezza della situazione i reparti corazzati, nel 1942 l'ingegnere tenente colonnello Constantin Giulai propose la trasformazione dei T-60 catturati in cacciacarri. Il Comando delle *Forţele Terestre Romȃne* accettò la proposta e venne dato inizio alla costruzione del prototipo. La conversione prevedeva la rimozione della torretta, della piattaforma della torretta e la costruzione

▲ Un carro armato T-4 appartenente al *Regimentul 1 Care de Luptă* in marcia verso il fronte nella primavera del 1944 *(https://m.facebook.com/groups/1045025415560649/permalink/1233119916751197/)*

di una sovrastruttura aperta dall'alto e dal retro, costruita con piastre corazzate spesse 15 mm ottenute smontando carri BT-7 catturati, protetta superiormente dalle intemperie da un telo posato su un telaio in tubi. Nella casamatta era posizionato un cannone F-22 da 76,2 mm, con 44 proiettili pronti all'uso, con i sedili per il comandante/artigliere e il servente, mentre la postazione del pilota era stata spostata sulla sinistra e protetta con una blindatura esterna. Una mitragliatrice ZB vz da 7,92 mm 37, trasportata all'interno della casamatta, costituiva l'armamento difensivo contro la fanteria nemica. Per meglio supportare il maggior peso, vennero migliorate le sospensioni originali, installando barre di torsione più resistenti, e nuove ruote, mentre piccole migliorie furono apportate al motore. Il prototipo fu costruito presso lo stabilimento Leonida di Bucarest e terminato il 19 gennaio 1943. Il prototipo venne subito accettato e iniziò immediatamente la conversione dei T-60 già consegnati alla Leonida nel nuovo cacciacarri. In totale furono 34 i TACAM T-60 costruiti dalla Leonida, 17 furono terminati nel primo semestre dal 1943 e gli altri 17 nel secondo semestre.

I TACAM T-60 fecero la prima apparizione in pubblico durante la parata tenutasi a Bucarest il 10 maggio 1943, per poi essere inviati, nel mese di giugno, presso il Centrului de instructie Mecanizat (Centro di addestramento meccanizzato) e al *Regimentul 1 Care de Luptă*, per l'addestramento degli equipaggi. A fine anno vennero costituite due *Compania de Vânători de tancuri* (Compagnia di cacciatori di carri armati): la 61[a] nel *Regimentul 1 Care de Luptă,* dotata di 16 TACAM T-60, e la 62[a] nel *Regimentul 2 Care de Luptă* con 18 mezzi.

Il battesimo del fuoco per il TACAM T-60 avvenne nel febbraio 1944, quando 2 batterie dotate di 14 cacciacarri, inquadrate nel Distaccamento "Cantemir", furono coinvolti nei combattimenti in difesa della Transnistria settentrionale.

Poichè i carri armati R-2 erano oramai considerati inutilizzabili, nella primavera del 1943 il generale Pantazi ordinò che gli R-2 ancora operativi fossero convertiti in cannoni semoventi, dotati di un armamento in grado di poter combattere ad armi pari contro i corazzati sovietici. Per la conversione in semovente del R-2 venne nuovamente incaricato il tenente colonnello Ghiulai, forte dell'esperienza

▲ Un carro armato T-4 danneggiato utilizzato per l'addestramento degli equipaggi *(https://m.facebook.com/ groups/1045025415560649/permalink/1233119916751197/)*

maturata con la costruzione del TACAM T-60. Il primo prototipo venne completato nell'estate del 1943 presso lo stabilimento Leonida e denominato **TACAM R-2** "Tun Anticar pe Afet Mobil R-2".
La struttura del TACAM R-2 ricalcava quella del TACAM T-60, con un cannone F22 da 76,2 mm installato all'interno di una sovrastruttura, parzialmente aperta superiormente e sul retro, realizzata con piastre corazzate tagliate dai carri T-26 e BT catturati e situata nella parte anteriore del veicolo. Il prototipo venne provato alla fine del 1943 presso Suditi, dimostrando appieno la sua potenzialità e capacità. Il Comando rumeno ordinò quindi che tutti i carri armati R-2 in servizio fossero convertiti in TACAM R-2 con sollecitudine. Quest'ordine venne però subito bloccato dal comandante della *Divizia 1 Blindată,* perché prima di cedere gli R-2 in servizio esigeva la consegna dei carri armati sostitutivi. Questo contrattempo bloccò la conversione degli R-2 in TACAM R-2 fino al febbraio 1944! Sbloccata finalmente la consegna degli R-2 allo stabilimento Leonida per la conversione, ulteriori ritardi derivarono dalla ritardata consegna di alcuni componenti da parte dei tedeschi, cosicché la produzione in serie venne iniziata solo alla fine di febbraio. Nel frattempo era maturata la decisione di sostituire il cannone F-22 con il cannone M1942, o ZiS-3, dotato di migliori proprietà balistiche, con 30 proiettili pronti all'uso. In totale entro la fine di luglio 1944 furono prodotti 20 TACAM R-2, oltre al prototipo, 7 dei quali furono trasferiti al centro di addestramento Mihai Bravu.
Nel luglio 1944, presso il *Regimentul 1 Care de Luptă*, venne costituita la 5ª compagnia TACAM R-2 nel Batalion 2.Care de Lupta, diventata in seguito 63ª Compagnia anticarro.
L'ultimo progetto per un cacciarri nazionale, sviluppato da un comitato nel quale erano presenti sia militari che civili, fu il **Mareşal**, un cacciacarri leggero chiamato Mareşal in onore del maresciallo Antonescu che sostenne il progetto e seguì attentamente lo sviluppo e le prove sul campo.
Il primo prototipo del Mareşal, denominato M-00, costruito sulla base del progetto elaborato dal

▲ Carro armato T-4 appartenente al *Regimentul 1 Care de Luptă* in riparazione presso un'officina campale, da notare lo schema mimetico tedesco, in quanto il carro era appartenuto alla 23. Panzer-Division nel 1944 *(www.worldwar2.ro/media/?article=366)*

▲ Un carro armato T-4 appartenente al *Regimentul 1 Care de Luptă* durante l'addestramento nel 1943 *(https://m.facebook. com/groups/1045025415560649/permalink/1233119916751197/)*

▼ Un cannone d'assalto T.As. T3 avanza nel fango nella primavera del 1944 *(http://tankfront.ru/romania/photo.html#!prettyPhoto)*

comitato, era costituito da un obice sovietico M1910/1930 da 122 mm, con una mitragliatrice coassiale ZB-53 da 7,92 mm, montato su un telaio basato su T-60, dove la torretta e il telaio originale erano stati sostituiti da una sovrastruttura con lamiere molto inclinate, alimentato da un motore Ford V8. Il prototipo venne terminato rapidamente e fu inviato alle prove il 30 luglio 1943, dimostrando gravi carenze e difetti, soprattutto nell'armamento e nel motore. Gli ingegneri della Rogifer, ex Malaxa, si misero al lavoro febbrilmente e in soli 3 mesi furono in grado di costruire altri tre prototipi: M-01, M-02 e M-03.

Benché abbastanza simili al precedente M-00, i nuovi prototipi erano più grandi, con le sospensioni rinforzate e dotati di motori Buick da 120 CV, mentre l'armamento era rimasto immutato. Testati a Suditi il 23 ottobre 1943, alla presenza del maresciallo Antonescu, dimostrarono ancora le stesse problematiche riferite all'obice, troppo pesante per il telaio del T-60. Poiché contemporaneamente era stato testato il nuovo cannone anticarro da 75 mm Reşiţa Model 1943, che aveva dato ottima prova, venne proposta la sostituzione dell'obice da 122 mm con il nuovo cannone Reşiţa, mentre per il motore venne prevista la sostituzione del motore Ford con un Hotchkiss da 120 CV.

Il nuovo prototipo M-04, dotato del cannone da 75 mm, venne inviato per le prove nel febbraio 1944, ottenendo risultati positivi, ma, nel marzo 1944, si decise di sostituire la piattaforma del carro T-60, utilizzata fino ad allora, con quella del T-38. Furono quindi costruiti i prototipi M-05 e M-06 sulla base del carro T-38 e inviati alle prove. Venne anche stabilita una collaborazione tra i tecnici rumeni e tedeschi, principalmente di Vomag e Alkett, decidendo che il Mareşal di serie avrebbe avuto il motore francese, le sospensioni BMM cecoslovacche, il cannone e la sovrastruttura rumeni, le ottiche e le radio tedesche. Il prototipo M-06 migliorato venne costruito rapidamente e testato a maggio, mentre a luglio fu presentato a maresciallo Antonescu. Venne quindi firmato l'ordine per la costruzione in serie, oltre ad un accordo con la Germania per la fornitura di materiali e per la licenza di produzione del motore Praga AC. La lentezza nella fornitura dei materiali e i bombardamenti aerei Alleati contro gli stabilimenti individuati per la costruzione, ritardarono l'inizio della produzione di serie del Mareşal, costringendo il Comando rumeno ad annullare il progetto. I sovietici nel settembre 1944 confiscarono tutti i piani costruttivi e il prototipo M-05, scrivendo la parola fine del Mareşal.

Oltre a progettare e costruire cacciacarri da conversioni di carri esistenti o nuovi, negli anni tra la fine del 1942 e l'inizio del 1944, vennero effettuate alcune modifiche, anche significative, su carri e veicoli in servizio nel tentativo di migliorare le loro operatività.

Alla fine del 1943 erano rimaste operative cinquanta Şeniletă Malaxa Tip UE, di queste 33 vennero utilizzate per l'addestramento mentre diciassette furono ricondizionate dalla fabbrica Malaxa, tra gennaio e fine marzo 1944, per essere in grado di trainare il cannone anticarro tedesco 5 cm PaK 38. Durante i primi mesi della campagna contro l'Unione Sovietica, l'esercito rumeno catturò alcune decine di trattori leggeri d'artiglieria T-20 Komsomolec, la maggior parte in cattive condizioni. Ne vennero spediti in Romania 34 che furono prima ricondizionati dalla Rogifer di Bucarest e poi trasferiti presso la Uzina Parvan Marian, dove vennero installati i ganci di traino per consentire di trainare i cannoni anticarro 5 cm PaK 38 tedeschi. I lavori iniziarono nella primavera del 1943 e si conclusero nell'autunno dello stesso anno. I trattori così completati furono denominati **Ford Rusesc De Captura** (Ford russo di cattura). Quasi tutti i trattori vennero persi sul fronte moldavo nell'estate del 1944, i pochi Ford Rusesc De Captura sopravvissuti furono confiscati dai sovietici dopo il 23 agosto 1944.

Verso la fine del 1942, preso atto della obsolescenza del R-35, il comando del *Regimentul 2 Care de Luptă* propose di riarmare i carri superstiti, dotati dell'originale obsoleto cannone Puteaux SA 18, con un cannone Schneider da 47 mm. Il Ministero della Difesa scelse invece di installare il cannone

▲ Un cannone d'assalto T.As. T3 durante l'addestramento nell'inverno del 1943 *(da: Armata română și evoluția armei tancuri. Documente (1919-1945)- op. cit. in bibliografia)*

da 45 mm 20K L/46, presente in numero elevato a seguito della cattura di numerosi carri sovietici T-26 e BT. Il progetto venne avviato ufficialmente il 12 dicembre 1942, affidato al tenente colonnello Ghiulai coadiuvato dal capitano Hogea. Nel gennaio 1943 fu progettato il nuovo supporto per il cannone, ma si dovette abbandonare l'idea di inserire anche una mitragliatrice in quanto, a causa delle dimensioni dal cannone, non c'era spazio sufficiente.

Il prototipo, assemblato presso lo stabilimento Concordia di Ploiești, fu terminato nel febbraio 1943 e inviato subito sul campo di prova per verificare il comportamento sul terreno. Le prove evidenziarono le buone capacità balistiche del cannone 20K L/46, ma anche la scarsa velocità e accelerazione dovute all'inadeguatezza del motore originale Renault V4 da 80 CV. Nonostante ciò, il carro armato venne accettato e messo in produzione con la denominazione di **Vanatorul de Care R-35**. In totale furono 30 gli R-35 convertiti in Vanatorul de Care R-35, tutti consegnati entro il 1943, un ulteriore lotto venne programmato ma, a causa della distruzione dello stabilimento a seguito dei bombardamenti aerei, venne stralciato.

Mentre procedevano, seppur lentamente, il riarmo e la riorganizzazione della *Divizia 1 Blindată*[27], del *Regimentul 2 Care de Luptă* e la trasformazione dell'8ᵃ Divisione di cavalleria motorizzata in una nuova Divisione corazzata, i combattimenti infuriavano avvicinandosi sempre di più ai confini della Romania, a seguito delle continue vittoriose offensive sovietiche.

---

27 Alla fine del 1943 risultavano in carico alla Divizia 1 Blindată 64 carri armati R-2, di cui 51 da riparare, mentre erano 54 i carri R-35 operativi presso il Regimentul 2 Care de Luptă e il Centro di addestramento motomeccanizzato di Târgoviște.

Per fronteggiare l'avanzata dei reparti sovietici, nel febbraio 1944, con i reparti pronti all'impiego appartenenti alla *Divizia 1 Blindată* venne costituito il *"Grupul mixt blindat Cantemir"* (Gruppo misto corazzato Cantemir) e inviato immediatamente sul fronte moldavo. Era formato da due compagnie carri con 30 T-4 e 2 T-3, una compagnia cannoni d'assalto con10 T.As. T3, due batterie cacciacarri con 14 TACAM T-60, una compagnia con carri R-2 e una con carri R-35. Il *Grupul mixt blindat Cantemir* rimase al fronte fino all'aprile 1944, quando rientrò in Romania e i mezzi superstiti tornarono ai loro reparti di appartenenza. Al rientro nella Divisione venne costituito un battaglione cacciacarri, con una batteria di TACAM T-60 e una batteria di T.As. T3, dove ogni batteria era composta da tre plotoni, formati ognuno da 3 cacciacarri, o cannoni d'assalto, più uno per il comandante, per un totale di 10 mezzi per batteria, una autoblindo, un'autovettura e 14 autocarri addetti ai rifornimenti e servizi.

Il 28 marzo venne costituito il *"Detasamentul Blindat Rapid"* (Distaccamento corazzato rapido), sempre con reparti provenienti dalla *Divizia 1 Blindată,* composto da un battaglione carri su due compagnie con 32 T-4 e una compagnia con 12 T.As. T3, la 63ª batteria anticarro con 7 TACAM T-60, un battaglione di fanteria motorizzata, un gruppo di artiglieria con 12 cannoni Skoda da 100 mm, una compagnia anticarro con 6 cannoni 75 mm Reșița Model 1943, una compagnia antiaerea e reparti di supporto. Il *Detasamentul Blindat Rapid* sostenne duri scontri contro i reparti sovietici in Moldavia, rientrando in Romania verso fine aprile.

Il 7 aprile 1944, con unità provenienti dall'8ª Divisione di cavalleria motorizzata, venne costituito il Gruppo di battaglia *"Cojocaru"*, comprendente il 12° reggimento motorizzato, il 3° reggimento di artiglieria motorizzata, tre battaglioni di fanteria indipendenti e tre cacciacarri TACAM T-60 della 62ª compagnia. Il Gruppo *"Cojocaru"* rimase operativo fino al 30 giugno 1944, quando fu sciolto e le unità ritornarono presso le loro unità di appartenenza.

Il 28 aprile 1944 la ricostruzione della *Divizia 1 Blindată* era completata, tornando operativa con la nuova denominazione di *Divizia România Mare* (Divisione della Grande Romania) che, ai primi di agosto, aveva la seguente struttura:

- Quartier Generale

- Compagnia esplorante

- Batalionul de Pionieri Moto

- *Regimentul 1 Care de Luptă*

- *Regimentul 3.Vanatori Motorizate*

- *Regiment 1.Artilerie Motorizate*

- Compagnia Artiglieria Antiaerea

- Divizionul de Artilerie Antitanc

- Servizi vari

Con un organico di 11.870 tra ufficiali, sottufficiali e soldati, era dotata di 48 T-4, 22 T.As. T3, 10 TACAM T-60, 30 AB, 20 SPW 251, 780 autocarri tra leggeri/medi/pesanti, 140 autovetture, 24 Schwimmwagen. Mentre al fronte venivano inviati i mezzi più performanti, in Romania rimanevano ancora a disposizione, nel luglio 1944, 44 carri armati R-2 che, visto la loro obsolescenza, vennero destinati all'addestramento delle nuove unità carrista.

Nell'agosto 1944 l'Armata Rossa scatenò l'offensiva sul fronte meridionale con lo scopo di occupare la Romania e proseguire l'avanzata verso i Balcani. Le forze corazzate rumene disponibili per fronteggiare i reparti sovietici erano la *Divizia România Mare,* con 48 carri armati T-4 e 32 cannoni d'assalto/cacciacarri T.As. T3 e TACAM T-60, e l'8ª Divisione di cavalleria motorizzata, con 30 carri armati T-4 e 21 cannoni d'assalto T.As.T3.

Il 12 agosto la *Divizia România Mare* venne inviata nella zona di Iaşi, per cercare di contrastare l'offensiva che i sovietici avevano sferrato in Bessarabia. A causa dell'occupazione da parte delle truppe sovietiche dei villaggi di Cosinţeni, Zmeu, Crucea e Popeşti, la Divisione venne divisa in due gruppi: uno nell'area di Hărpăşeşti e l'altro a Sineşti. Nel pomeriggio del 20 agosto la *Divizia România Mare* effettuò un contrattacco contro il fianco occidentale dei sovietici, senza però riuscire a superare la linea difensiva nemica. Nella battaglia i sovietici lamentarono la perdita di 60 carri armati, mentre i rumeni persero un totale di 35 mezzi tra carri armati e autocarri. Il generale Radu Korné, comandante della Divisione, nella notte tra il 20 e il 21 agosto 1944 ordinò la costituzione di due distaccamenti operativi: nell'area di Sinteşti al comando del colonnello Constantinescu e nell'area di Hărpăşeşti al comando del colonnello Nistor. I due distaccamenti rimasero in contatto con le truppe sovietiche, svolgendo compiti di retroguardia durante la ritirata della Divisione effettuata nella notte tra il 22 e il 23 agosto 1944. Impegnata in durissimi combattimenti, a fronte di una superiorità numerica e materiale schiacciante del nemico, la Divisione si ritirò entro il confine prebellico, dopo aver perso, entro il 23 agosto, 30 carri T-4 e 20 tra T.As. T3 e TACAM T-60.

L'8ª Divisione di cavalleria motorizzata non poté invece contribuire alla difesa con i suoi mezzi corazzati, in quanti questi vennero prelevati dai tedeschi appartenenti ad un kampfgruppe della 20. Panzer-Division.

▲ Presso il *Regimentul 2 Care de Luptă* venne effettuata una interessante modifica, installando la torretta di un carro armato sovietico T-26 su un carro R-35. Questa è l'unica fotografia esistente del mezzo, trasportato su un pianale ferroviario probabilmente sequestrato dai sovietici nell'ottobre 1944 *(www.facebook.com/Count-High-School-Girls-und-Panzer-1548083418836988)*

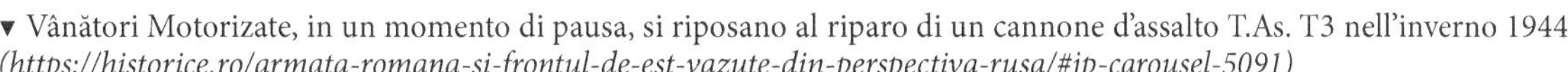

▲ Un cannone d'assalto T.As. T3 durante l'addestramento con istruttori tedeschi *(https://477768.livejournal.com/tag/Румыния)*

▼ Vânători Motorizate, in un momento di pausa, si riposano al riparo di un cannone d'assalto T.As. T3 nell'inverno 1944 *(https://historice.ro/armata-romana-si-frontul-de-est-vazute-din-perspectiva-rusa/#jp-carousel-5091)*

▲ Vânători Motorizate, in un momento di pausa, si riposano al riparo di un cannone d'assalto T.As. T3 nell'inverno 1944 (*https://historice.ro/armata-romana-si-frontul-de-est-vazute-din-perspectiva-rusa/#jp-carousel-5091*)

▼ Il 10 maggio 1943, durante la parata della Giornata Nazionale tenutasi a Bucarest, sfilarono per la prima volta i TACAM T-60 (*https://thearmoredpatrol.com/2018/08/18/romanian-tanks-in-detail-tacam-t-60-t-60a/*)

▲ Altra immagine di TACAM T-60, durante la parata della Giornata Nazionale tenutasi a Bucarest il 10 maggio 1943 *(https://thearmoredpatrol.com/2018/08/18/romanian-tanks-in-detail-tacam-t-60-t-60a/)*

▼ Un TACAM T-60 durante l'addestramento, da notare l'intelaiatura in tubi sulla quale si poteva posare un telo per riparare dalle intemperie l'equipaggio *(www.tankarchives.ca/2016/09/tacam-t-60-spg-transylvanian-style.html)*

▲ Un TACAM T-60 abbandonato dai rumeni dopo essere stato colpito durante la difesa della Transnitria nel marzo 1944 *(https://thearmoredpatrol.com/2018/08/18/romanian-tanks-in-detail-tacam-t-60-t-60a/)*

▼ Unica fotografia, purtroppo di scarsa qualità, di un TACAM T-60 con il telo protettivo steso a protezione della casamatta *(http://beutepanzer.ru/Beutepanzer/su/Romania/tacam_t-60_1.htm)*

▲ Un TACAM T-60, appartenente al *"Grupul mixt blindat Cantemir"*, appostato tra le case pronto a fare fuoco sul fronte moldavo nella primavera del 1944 *(https://daydaynews.cc/en/military/605814.html)*

▼ Il prototipo del carro armato Vânătorul de Care R-35 durante le prove effettuate nel 1943 *(https://tanks-encyclopedia. com/ww2/romania/vanatorul-de-care-r35/)*

▲ Carrista rumeno in posa davanti al suo carro armato Vânătorul de Care R-35 nell'inverno 1943 *(www.facebook.com/ Count-High-School-Girls-und-Panzer-1548083418836988)*

▼ Disegno quotato del prototipo n. 6 del cacciacarri Mareşal, con la data di ricezione da parte degli organi militari del 4 aprile 1944 *(www.deviantart.com/wingsofwrath/art/TACAB-General-Plan-204061718)*

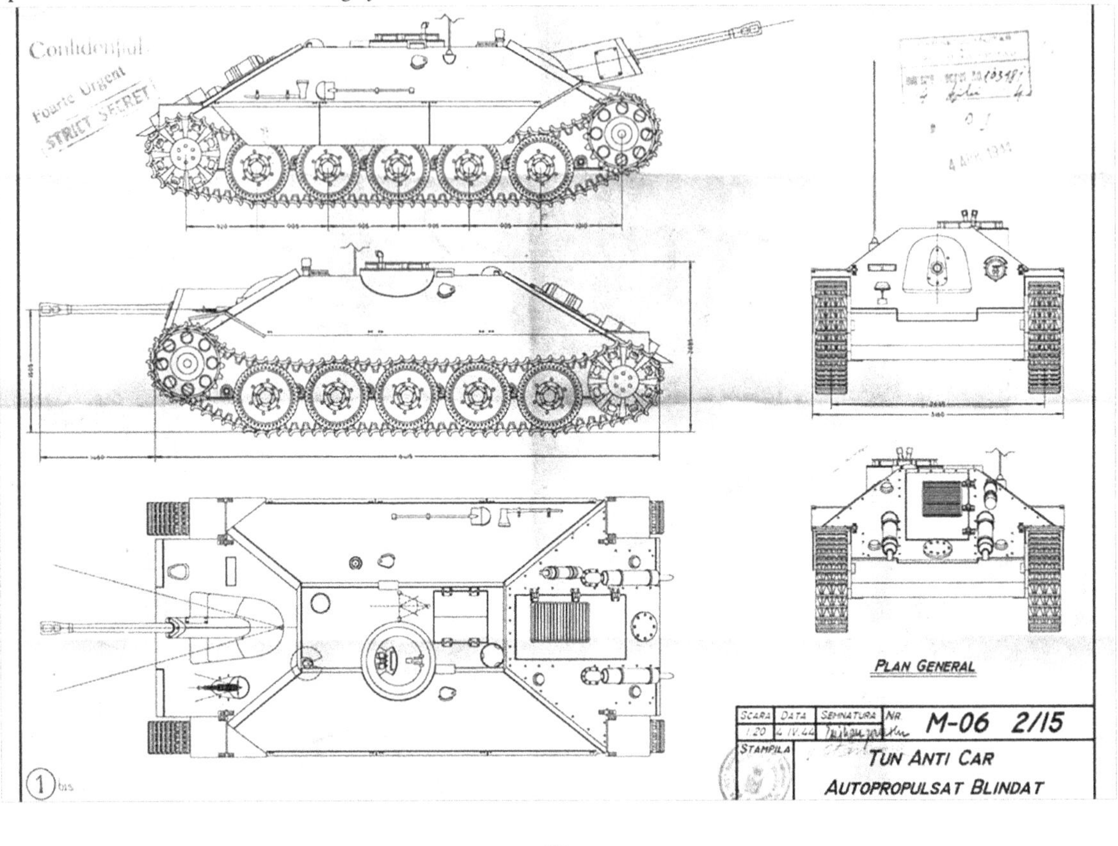

▲ Il prototipo M-04 del cacciacarri Mareşal con cannone anticarro da 75 mm Reşiţa Model 1943 nel febbraio 1944 *(www. facebook.com/Count-High-School-Girls-und-Panzer-1548083418836988)*

▼ Vista dell'interno del prototipo M-04 del cacciacarri Mareşal in costruzione presso la Rogifer di Bucarest *(www.facebook.com/Count-High-School-Girls-und-Panzer-1548083418836988)*

▲ Altra vista dell'interno del prototipo M-04 del cacciacarri Mareşal in costruzione *(www.facebook.com/Count-High-School-Girls-und-Panzer-1548083418836988)*

Dall'Armistizio del 23 agosto 1944 alla fine della guerra

All'inizio del 1944 era ormai chiaro quale sarebbe stato l'esito della guerra, Re Michele I e le forze politiche e militari rumene, favorevoli alla tregua con l'Unione Sovietica per evitare le devastazioni di una guerra sul suolo nazionale, iniziarono a prendere contatti con gli Alleati, informandoli dell'intenzione di destituire il governo del Maresciallo Antonescu tramite un colpo di stato, sottoscrivere un armistizio e schierare l'esercito contro i vecchi alleati tedeschi. Per la preparazione del colpo di stato furono coinvolti generali e ufficiali delle divisioni in riserva, il comandante e la guarnigione di Bucarest, oltre a politici democratici e comunisti da insediare nel nuovo governo democratico.

Nel primo pomeriggio del 23 agosto, il Maresciallo Antonescu venne arrestato su ordine del Re Michele I, che subito dopo inviò al comando militare del Cairo un telegramma nel quale informava gli Alleati del colpo di stato e, alle ore 22, annunciò alla radio la tregua con i sovietici e la dichiarazione di guerra contro la Germania. Mentre a Bucarest la popolazione scendeva in strada per festeggiare la fine della guerra contro i sovietici, la guarnigione della città si preparava a neutralizzare i tedeschi.

Alla sera del 23 agosto 1944 la maggior parte delle forze corazzate rumene si trovava sul fronte in Moldova, dove la situazione della *Divizia România Mare* era critica, con il *Regimentul 1 Care de Luptă* schierato a Gheboieni-Dâmbovița. mentre il *Regimentul 2 Care de Luptă* era nella Capitale e presso il Centro di Formazione Motomeccanizzata a Târgoviște erano presenti 16 carri armati. Numerosi mezzi erano poi presso gli stabilimenti e le officine per effettuare riparazioni, revisioni o conversioni nei nuovi veicoli progettati, senza contare la presenza nelle caserme dei vecchi FT17.

A seguito della tregua con l'Unione Sovietica[28], venne ordinato alla *Divizia România Mare* di ritirarsi verso sud, ma venne accerchiata e catturata quasi interamente dai sovietici il 24 agosto[29]. Dopo negoziati con la parte sovietica tenutisi il 27 agosto nella Località Buda-Șipote, il comando della Divisione riuscì ad ottenere la costituzione di un distaccamento, formato con i reparti della *Divizia România Mare,* che avrebbe combattuto contro i tedeschi a fianco dei reparti sovietici.

A fine agosto venne così costituito il *Detasamentul Blindat "Gheorghe Matei"*, dal nome del tenente colonnello al comando, avente come obiettivo primario la liberazione dell'intera Transilvania, era costituito dai seguenti reparti:

- Batalion Vanatori Motorizate del *Regimentul 3.Vanatori Motorizate*

- Batalion Care de Lupta - compagnia carri (9 T-4); compagnia cannoni d'assalto (7 T.As. T3)

- 101ª compagnia anticarro

- una compagnia pionieri

- una compagnia antiaerea

- servizi vari

per un totale di 1.058 soldati, 16 tra carri armati e cannoni d'assalto, 33 tra cannoni e mortai, 133 mezzi di trasporto, tra autocarri e autovetture.

Il Detasamentul Blindat "Gheorghe Matei" combatté sotto il comando sovietico, inserito nel 24° Corpo delle Guardie, contribuendo alla liberazione della Transilvania fino al 28 settembre, quando ritornò sotto il comando dell'esercito rumeno. Durante la sua attività operativa, tra il 30 agosto e il 28 settembre 1944, raggiunse i seguenti obiettivi militari:

- conquista del passo Ghimeș-Palanca

---

28 L'armistizio tra l'Unione Sovietica e la Romania venne ufficialmente firmato il 12 settembre.
29 Secondo alcune memorie l'intera unità TACAM T-60 in servizio venne catturata dall'esercito sovietico tra il 20 e il 25 agosto 1944 e gli equipaggi furono fatti prigionieri.

- inseguimento del nemico oltre Sovata
- conquista del Reghin.

Alla data del 28 settembre il Detasamentul Blindat "Gheorghe Matei", oltre ad aver inflitto pesanti perdite al nemico, vantava la cattura di 1800 prigionieri e di 8 carri armati, a fronte di soli 5 carri armati persi o danneggiati.

Per la difesa della capitale e degli impianti petroliferi di Ploieşti, vennero creati due distaccamenti corazzati con personale e mezzi provenienti dalla *Divizia România Mare*, del *Regimentul 2 Care de Luptă* e dal Centro di Formazione Motomeccanizzata a Târgovişte. Il 24 agosto 1944 venne formato il *Detaşamentul Blindat General Niculescu* (Distaccamento corazzato generale Niculescu)[30], facente parte del Corpo Motorizzato Generale Rozin, con le seguenti unità:

- Gruppo esplorante

- Batalion Care de Lupta - compagnia carri (10 T-4); compagnia cannoni d'assalto (10 T.As. T3)

- Batalion Vânătorul de tancuri (12 TACAM R-2)

- Batalion Vanatori Motorizate del *Regimentul 4. Vanatori Motorizate*

- Compagnia anticarro

Il Detaşamentul Blindat General Niculescu partecipò alla battaglia per la liberazione di Bucarest, quindi ai combattimenti per scacciare i tedeschi da Baneasa e Otopeni per poi, incorporato nel Corpo Motorizzato, essere inviato in Transilvania dove combatté a Oarba de Mures. Terminato l'impiego in Transilvania il 28 settembre 1944 venne sciolto.

Sempre il 24 agosto 1944 venne costituito un'altra piccola unità corazzata: il *Detaşamentul Blindat "Popescu"* (Distaccamento corazzato Popescu) dal nome del suo comandante il maggiore Victor Popescu, avente il seguente organico:

- Compagnia corazzata R-2

- Plotone T-38

- Plotone R-35/Vanatorul de Care R-35

- Vanatori Motorizate

- Gruppi addestramento anticarro e antiaerei

Il Detaşamentul Blindat Popescu partecipò attivamente ai combattimenti per la liberazione della zona petrolifera di Ploieşti fino al 31 agosto 1944, quando, terminato il suo compito, venne sciolto. Durante i combattimenti sostenuti dalle truppe rumene contro i tedeschi dopo il 23 agosto 1944, vennero usati anche i decrepiti FT17, utilizzati per la protezione di sedi istituzionali o stabilimenti industriali a Bucarest, Ploiesti, Sibiu, Resita. Nonostante l'obsolescenza riuscirono ancora ad essere decisivi in molti casi per eliminare sacche di resistenza tedesca nelle località in cui furono operativi[31]. In applicazione degli accordi previsti nei protocolli di armistizio con l'Unione Sovietica, alla fine di settembre il Comando della *Divizia România Mare* ricevette l'ordine n. 67.000, da parte dello Stato Maggiore Generale, con il quale si ordinava di procedere alla riduzione del personale al minimo indispensabile. La riduzione venne attuata congedando la gran parte del personale in servizio, prima fase del suo scioglimento definitivo. Le clausole armistiziali imponevano alle *Forţele Terestre Române* di sciogliere, entro 35 giorni, diverse strutture e unità militari: un comando dell'esercito, quattro comandi di corpo d'armata e 14 divisioni; una di queste era la *Divizia România Mare*,

---

30 Il *Detaşamentul Blindat General Niculescu* venne anche denominato come Distaccamento corazzato "Giove".
31 Nel febbraio 1945 tutti gli FT17 vennero sequestrati dall'esercito sovietico e trasferiti in Unione Sovietica, solo un FT17 rimase i Romania e oggi si trova presso il Museo Militare di Bucarest.

nata come *Divizia 1 Blindată* solo nel 1941[32]. L'ordine di scioglimento ufficiale arrivò con l'ordine n. 70.220 il 1° novembre 1944, prevedeva che il personale appartenente al *Regimentul 3.Vanatori Motorizate* e al *Regimentul 4.Vanatori Motorizate* confluisse nella 2ª Divisione da Montagna, mentre il *Regimentul 1 Care de Luptă* venisse fuso con il *Regimentul 2 Care de Luptă,* che rimase quindi l'unica forza corazzata rumena in servizio. Come previsto dal Protocollo Vinogradov-Rădescu, la riorganizzazione delle unità interessate venne completata entro il 1° dicembre 1944.

Con elementi del *Detasamentul Blindat "Gheorghe Matei"* e del *Detaşamentul Blindat General Niculescu* il 1° ottobre 1944[33] venne costituito il *Grupul Blindat al Armatei 4 romane* (Gruppo corazzato della 4ª Armata rumena), formato dai seguenti reparti:

- Batalion Care de Lupta - compagnia carri (10 T-4); compagnia cannoni d'assalto (8 T.As. T3)
- Batalion Vânătorul de tancuri (16 TACAM R-2)

Il Grupul Blindat al Armatei 4 romane partecipò ai combattimenti nella fase finale dell'offensiva per la liberazione della Transilvania[34], combattendo contro tedeschi e ungheresi, fino a raggiungere il fiume Tibisco in Ungheria. Durante i violenti scontri con il nemico andarono distrutti 10 TACAM R-2. Il Grupul Blindat al Armatei 4 romane venne sciolto nel novembre 1944.

Con lo scioglimento del Grupul Blindat al Armatei 4 romane si concludeva l'attività operativa dei reparti corazzati rumeni, l'unico reparto sopravvissuto alla "riorganizzazione" imposta dai sovietici era il *Regimentul 2 Care de Luptă,*che durante il conflitto, a parte la partecipazione iniziale ai combattimenti per la conquista di Odessa, aveva svolto il compito di centro di addestramento e formazione rimpiazzi per la *Divizia 1 Blindată*. Si procedette quindi alla ristrutturazione del *Regimentul 2 Care de Luptă* in modo da poterlo schierare a fianco dei reparti dell'Armata Rossa nella fase finale del conflitto, in particolar modo nei combattimenti per la liberazione della Cecoslovacchia e dell'Austria.

Quando nel febbraio 1945 il *Regimentul 2 Care de Luptă* fu inviato al fronte in Cecoslovacchia, aveva la seguente organizzazione:

- Compagnia Comando - plotone comunicazioni radio, plotone comunicazioni cavo, plotone pionieri

- Gruppo esplorante - 8 AB[35] e 5 SPW[36]

- Batalionul 1 Tancuri - una compagnia carri armati (8 T-4), 2 compagnie cannoni d'assalto (13 T.As. T3[37])

- Batalionul 2 Tancuri Uşoare (2° Battaglione carri armati leggeri) - 2 compagnie carri armati R-35 (28 tra R-35 e Vanatorul de Care R-35), una compagnia carri armati T-38 (9 T-38) e una batteria TACAM (5 TACAM R-2)

- Gruppo esplorante carri - 2 R-2

- Batteria antiaerea - (4 cannoni 20 mm)

---

32 Oltre allo scioglimento di strutture e reparti militari, tra la clausole armistiziali era presente anche un articolo nel quale era previsto che tutti i veicoli e gli armamenti sovietici, catturati dai rumeni durante la guerra, venivano requisiti e riportati in Unione Sovietica, compresi quelli frutto di conversioni come il TACAM T-60, di cui un esemplare venne testato a Kubinka.

33 Altre fonti indicano la data del 4 ottobre 1944 come data di costituzione del *Grupul Blindat al Armatei 4 romane.*

34 Durante la liberazione della Transilvania, vennero catturati due Hetzer e uno Zrinny II funzionanti, furono utilizzati dai carristi rumeni fino al loro sequestro da parte dei sovietici nel novembre 1944.

35 L'attività operativa della AB-Sd.Kfz. 222 continuò anche dopo la IIGM, infatti, alla data del 15 novembre 1947, l'esercito rumeno ne aveva ancora in dotazione 13.

36 Al termine del conflitto erano rimasti 3 i semicingolati SPW-Sd.Kfz. 250 in servizio.

37 Anche se nessun T.As. T3-Stug. III è arrivato alla fine del conflitto, nel 1947 erano 31 i cannoni d'assalto T.As. in servizio, compreso qualche esemplare di T.As. T4-Jagdpanzer IV. Questi cacciacarri provenivano dall'Armata Rossa, che ne aveva catturato numerosi, e dalla riparazione di mezzi rimasti sui campi di battaglia. I T.As. T3. rimasero in servizio nell'esercito rumeno fino al 1950, venendo smantellati nel 1954.

▲ Vânători de munte a bordo di un SPW medi durante la liberazione della Transilvania nel settembre 1944 *(https://it.wikipedia.org/wiki/Vânători_de_munte)*

▼ Un carro armato T-4 appartenente al *Regimentul 2 Care de Luptă* durante la liberazione della Cecoslovacchia nella primavera del 1945, si può notare il cerchio bianco con la stella rossa al centro utilizzato dopo l'armistizio del 1944 *(http://tankfront.ru/romania/photo.html#!prettyPhoto)*

▲ Un carro armato T-4 rumeno si appresta a superare un fiume, su un pontone galleggiante gittato dai genieri sovietici, nell'aprile 1945 in Cecoslovacchia *(http://wio.ru/tank/romania.htm)*

▼ Un cannone d'assalto T.As. T3 appartenente al *Regimentul 2 Care de Luptă* impegnato nei combattimenti per la liberazione della Cecoslovacchia nel 1945 *(https://477768.livejournal.com/tag/Румыния)*

▲ Due cannoni d'assalto T.As. T3, danneggiati durante i combattimenti per la liberazione della Cecoslovacchia, caricati su pianali ferroviari per essere inviati nelle officine in Romania per le riparazioni nel 1945 *(https://477768.livejournal.com/tag/Румыния)*

▼ Un TACAM T-60 segue un cannone d'assalto ungherese 43M Zrínyi II , catturato e riutilizzato dai rumeni, il 14 ottobre 1944 a Dej, durante i combattimenti contro unità ungheresi e tedesche per la liberazione della Transilvania *(https://thearmoredpatrol.com/2018/08/18/romanian-tanks-in-detail-tacam-t-60-t-60a/)*

▲ Fotografia di scarsa qualità di un TACAM R-2 con il suo equipaggio nella primavera del 1944 *(www.facebook.com/ Count-High-School-Girls-und-Panzer-1548083418836988)*

▼ L'unico esemplare di TACAM R-2 sopravvissuto alla guerra e ora esposto presso il Muzeul Militar Naţional "Regele Ferdinand I" di Bucarest *(https://en.wikipedia.org/wiki/National_Military_Museum,_Romania)*

▲ Il TACAM R-2 targa U-039247 appena completato e pronto per la consegna *(www.youtube.com/watch?v=u8Mt1U-X6uyU)*

▼ Un carro armato Vânătorul de Care R-35, con la torretta girata a ore 6, nella stazione di Znojmo nel maggio 1945, da notare il nuovo distintivo in vigore dopo l'armistizio del 1944 con il cerchio bianco e la stella rossa al centro *(https://tanks-encyclopedia.com/ww2/romania/vanatorul-de-care-r35/)*

▲ Un soldato rumeno a bordo di un carro armato Vânătorul de Care R-35 nella stazione di Znojmo nel maggio 1945 *(https://tanks-encyclopedia.com/ww2/romania/vanatorul-de-care-r35/)*

▼ Un carro armato Vânătorul de Care R-35 abbandonato nella stazione di Znojmo nel maggio 1945 *(https://tanks-encyclopedia.com/ww2/romania/vanatorul-de-care-r35/)*

▲ Un altro carro armato Vânătorul de Care R-35 abbandonato nella stazione di Znojmo nel maggio 1945 in mezzo a carri armati tedeschi distrutti *(https://tanks-encyclopedia.com/ww2/romania/vanatorul-de-care-r35/)*

Inizialmente i carri R-2 in dotazione al Reggimento, ai primi di febbraio 1945, erano cinque, ma arrivati al fronte i sovietici ne sequestrarono 3, lasciandone solamente 2 in carico al reparto.

Il 16 febbraio 1945, quando giunse in zona operazioni, il *Regimentul 2 Care de Luptă* aveva un organico di 1.000 uomini tra ufficiali, sottufficiali e soldati, equipaggiati con 78 tra veicoli corazzati e blindati. La situazione del Reggimento nel febbraio 1945 era considerata insoddisfacente per numerosi aspetti, i principali erano:

- carenza di ufficiali e truppe, per quanto riguardava le truppe era pari al 40%
- insufficiente dotazione di attrezzature e abbigliamento
- incompleto addestramento
- assenza di esperienza bellica
- inferiorità numerica e tecnica dei carri e dei blindati.

Nonostante le carenze, le assenze e le difficoltà tecniche, il *Regimentul 2 Care de Luptă*, da marzo subordinato alla 27ª Brigata carri armati della 7ª Armata della Guardia sovietica, combatté in Cecoslovacchia e Austria, per poi tornare in Cecoslovacchia fino a maggio 1945. Il Reggimento venne coinvolto nelle operazioni per il superamento del fiume Hron dove, durante i duri combattimenti svoltisi tra il 26 e il 27 marzo, 8 carri R-35/Vanatorul R-35 vennero distrutti e due rimasero danneggiati, e dei fiumi Nitra e Váh, oltre ad una serie di operazioni in montagna sempre collaborando con i reparti della 27ª brigata di carri armati della guardia. Il *Regimentul 2 Care de Luptă* partecipò anche alla liberazione di Bratislava, dove entrò nella città il 4 aprile.

Proseguendo l'offensiva il Reggimento partecipò al superamento del fiume Morava, effettuato il 9 aprile, entrando nel territorio austriaco insieme alla 27ª Brigata carri armati sovietici. A partire da tale data non risultavano più operativi i due R-2 del Gruppo esplorante carri, anche se non è chiara la causa di tale assenza: distrutti dal nemico o guasto irrecuperabile? Nel reggimento non era presente un'officina campale, inoltre la distanza dalla Romania impediva il rifornimento di pezzi di

▲ Croce di Michele I con bordi bianchi dipinta ai lati dello scafo dei carri armati (*https://thearmoredpatrol.com/2016/03/20/romanian-tank-destroyers-in-world-of-tanks*)

ricambio e rifornimenti, per cui ogni mezzo danneggiato o guasto era da considerare perduto. Da notare che durante tutto il ciclo operativo, gli unici mezzi giunti di rimpiazzo furono 3 carri armati T-4 catturati ai tedeschi, uno dai sovietici e due dai carristi rumeni.

Il contributo del *Regimentul 2 Care de Luptă* durante la liberazione dell'Austria fu fondamentale nelle battaglie nei distretti di Hohenruppersdorf e Schrick. In particolare, nella battaglia per la conquista della città di Hohenruppersdorf tra l'11 e il 13 aprile 1945, i carristi rumeni si distinsero per aver affrontato una serie di difficoltà mai incontrate fino ad allora, citiamo tra le altre:

- l'attacco di sorpresa all'alba dell'11 senza la preparazione dell'artiglieria
- l'attacco da parte dell'aviazione nemica nei giorni 11 e 12
- i combattimenti tra carri armati del giorno 12, unico episodio con la più alta partecipazione di carri armati da parte rumena durante la guerra contro le truppe tedesche.

Ulteriori violenti combattimenti videro il Reggimento coinvolto, tra il 14 e il 15 aprile, per la conquista della cittadina di Schrick e a Eisenstadt, dove il 20 aprile 1945 terminò l'offensiva. Per la sua attiva partecipazione alle operazioni svolte, il *Regimentul 2 Care de Luptă* venne citato in quattro ordini del giorno sovietici emessi nella settimana dall'11 al 16 aprile 1945. Il 22 aprile iniziò il trasferimento verso la Cecoslovacchia con i pochi mezzi operativi rimasti, tra questi c'erano ancora 5 carri armati T-38 e 2 TACAM R-2, ma i T-38 vennero sequestrati dai sovietici.

A causa delle pesanti perdite in uomini e mezzi, il *Regimentul 2 Care de Luptă* venne contratto ad una compagnia carri armati, che prese il nome di *Compagnia Duceag* dal nome del capitano Arcadie Duceag che ne assunse il comando, sempre subordinata alla 27ª Brigata di carri armati della guardia.

La Compagnia Duceag era costituita dai seguenti reparti:

- plotone carri armati T-4
- plotone autocarri e un T.A.C.A.M. R-2[38]
- plotone carri armati R-35/Vanatorul de Care R-35[39]
- plotone R-1[40]

La compagnia Duceag fu coinvolta ancora in duri scontri con i tedeschi negli ultimi giorni di aprile, respingendo alcuni contrattacchi nemici effettuati grazie alla maggiore conoscenza del terreno e alla maggiore potenza di fuoco. Il 5 maggio 1945, presso il villaggio di Pasohlávky, sostenne l'ultimo combattimento respingendo un contrattacco tedesco, perdendo nello scontro un TACAM R-2, un Vanatorul de Care R-35 e un T-4.

Il 9 Maggio 1945 i superstiti del *Regimentul 2 Care de Luptă* si trovavano concentrati nella città di Znojmo, vicino Brno, pronti a rientrare in Romania. In quella data risultavano ancora in servizio 6 carri armati, ma solo due erano operativi, dai 78 iniziali con i quali era iniziata la partecipazione del Reggimento alla liberazione della Cecoslovacchia e dell'Austria 45 giorni prima!

Terminava così, sul suolo straniero, la guerra dei carristi rumeni iniziata nel giugno del 1941 con la conquista della Bessarabia e della Bucovina, quasi quattro anni di guerra nei quali erano emersi il valore dei carristi mandati a combattere con mezzi obsoleti o non all'altezza di quelli del nemico. Solo nel 1944, con l'ingresso in servizio di poche decine di carri armati tedeschi e nazionali, il confronto con i mezzi del nemico fu più equilibrato, ma l'esiguo numero di carri in dotazione, la mancanza di ricambi, di officine campali, la scarsa industrializzazione, che non consentì la produzione in serie di alcuni prototipi interessanti, non consentirono mai ai reparti corazzati rumeni di poter contrastare efficacemente i numerosi e ben armati reparti corazzati sovietici e, dopo l'armistizio, tedeschi.

---

38 Un solo esemplare di TACAM R-2 è sopravvissuto al conflitto, oggi è esposto presso il Museo Nazionale di Bucarest.

39 Gli ultimi R-35/Vanatorul de Care R-35 furono radiati solamente dopo la fine della IIGM, quando arrivarono i mezzi corazzati forniti dall'Unione Sovietica.

40 A seguito dell'armistizio tutte le 11 tankette R-1 ancora operative in servizio nella Cavalleria furono recuperate, ripristinate e utilizzate nella difesa di Bucarest e Ploieşti, per poi partecipare alla liberazione della Transilvania e quindi alla guerra in Cecoslovacchia e Austria. Sembra siano rimaste in servizio fino al 1955.

MIMETIZZAZIONE, INSEGNE, NUMERO IMMATRICOLAZIONE

Le prime autoblindo utilizzate dai rumeni nella Prima Guerra Mondiale erano dipinte in colore grigio chiaro, mentre quelle catturate erano lasciate nel loro colore originale. I carri armati acquistati nel dopoguerra erano di norma lasciati nel colore originale con il quale uscivano dalla fabbrica, quindi in verde scuro per gli R-35 francesi e gli FT-17, in verde oliva per gli R-1 e gli R-2 cecoslovacchi, in grigio panzer (panzer gray) i T-38, anche se alcuni erano in giallo scuro (dunkelgelb), in grigio panzer, inizialmente, e poi in giallo scuro i T-3, i T-4 e i T.As.. I TACAM T-60 e i TACAM R-2 erano dipinti in verde oliva, così come le Malaxa UE.

Normalmente i carri non erano mimetizzati, solo alcuni T-38 furono consegnati in giallo scuro con sottili striature verde oliva e rosso mattone, mentre alcuni T-4 di seconda mano erano in giallo scuro con macchie verde oliva. Ci sono evidenze fotografiche di R-35 con la tipica mimetizzazione francese, potrebbe trattarsi dei carri armati polacchi confiscati dopo la resa della Polonia a seguito dell'invasione tedesca. Alcuni carri R-35, durante le prime fasi del conflitto, avevano dipinto una striscia blu intorno alla torretta.

Tutti i mezzi corazzati rumeni, fino al 1940, avevano dipinto sui lati della torretta lo stemma di Re Carol II in nero, sostituito successivamente dalla Croce di Michele I (Crucea Mihai I) dipinta ai lati dello scafo. Era dipinta con i bordi bianchi, se il carro era in colore scuro, o con bordi neri se il colore del carro era chiaro.

Per quanto riguarda il riconoscimento aereo del mezzo, vennero utilizzati sia la Croce di Michele I dipinta, normalmente a colori oppure bianca, sul cofano motore dei carri armati, sia una coccarda tricolore, nei colori blu-giallo-rosso della bandiera rumena. Sui carri R-1, appartenenti alla Cavalleria, venne dipinta la coccarda tricolore sui lati della casamatta e sul cofano anteriore, mentre sulla torretta fu dipinto San Giorgio che uccide il drago in bianco.

Dopo l'armistizio sui carri armati appartenenti al *Regimentul 2 Care de Luptă* venne dipinto un cerchio bianco con al centro una stella rossa sui lati della torretta.
Non erano presenti simboli divisionali su nessun mezzo.

Sui carri armati appartenenti alla *Divizia 1 Blindata* furono dipinti inizialmente dei numeri a tre cifre sui lati della torretta, in colore bianco o nero, probabilmente ricalcante lo schema di numerazione dei carri tedeschi, dopo il 1943 tale sistema di numerazione scomparve e i carri rimasero senza alcun numero. Alcuni T-4 di seconda mano, consegnati dai tedeschi nel 1944, conservavano la numerazione originale in atto nella Wehrmacht.

Sui carri armati R-1, R-2, R-35, Vanatorul de Care R-35, TACAM T-60, Chenillette Malaxa, era presente una targa dipinta in bianco o in nero, con una U seguita da 6 numeri. Normalmente era dipinta sul parafango anteriore e sulla piastra posteriore del carro. Sui carri armati T-3, T-4 e T.As. la targa appare raramente, anche se in qualche fotografia è presente. Sulle tankette R-1 la targa era bianca con numeri in nero dipinta sul frontale e sul retro del mezzo.

▲ Croce di Michele I a colori dipinta per l'identificazione aerea sul cofano motore dei carri armati, poteva essere anche dipinta solo bianca *(https://thearmoredpatrol.com/2016/03/20/romanian-tank-destroyers-in-world-of-tanks)*

▼ Coccarda tricolore per l'identificazione aerea dipinta sui carri leggeri R-1 della cavalleria, era dipinta anche sui lati della casamatta *(https://thearmoredpatrol.com/2016/03/20/romanian-tank-destroyers-in-world-of-tanks)*

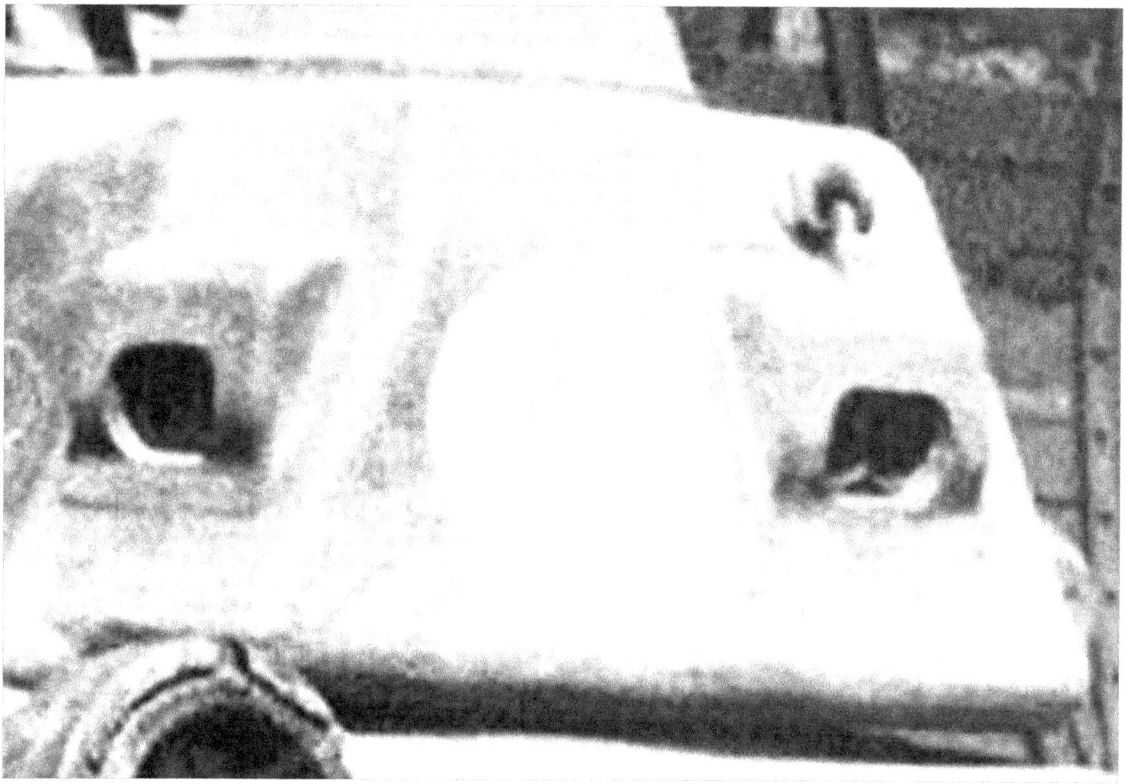

▲ Il cerchio bianco con la stella rossa al centro dipinto ai lati della torretta sui carri armati dopo l'armistizio dell'agosto 1944 *(https://thearmoredpatrol.com/2016/03/20/romanian-tank-destroyers-in-world-of-tanks)*

▼ Sui carri leggeri R-1 in servizio nella cavalleria era dipinto San Giorgio che uccide il drago in bianco ai lati della torretta *(https://thearmoredpatrol.com/2016/03/20/romanian-tank-destroyers-in-world-of-tanks)*

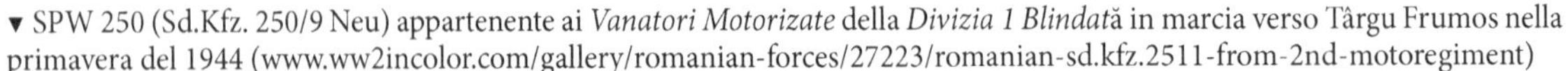

▲ In questa fotografia, purtroppo di scarsa qualità, si nota un carro T-4 danneggiato durante la guerra contro i tedeschi in Cecoslovacchia nel 1945 *(www.cartula.ro/forum/topic/2628-panzer-iv-ausf-f2-romanesc/)*

▼ SPW 250 (Sd.Kfz. 250/9 Neu) appartenente ai *Vanatori Motorizate* della *Divizia 1 Blindat*à in marcia verso Tàrgu Frumos nella primavera del 1944 (www.ww2incolor.com/gallery/romanian-forces/27223/romanian-sd.kfz.2511-from-2nd-motoregiment)

▲ Carri armati T-4 sfilano a Bucarest a fine 1945, da notare la corona, simbolo della monarchia, dipinta sui fianchi della torretta e sul frontale *(www.cartula.ro/forum/topic/2628-panzer-iv-ausf-f2-romanesc/)*

▼ Sezione di autoblindate Renault e Peugeot modello 1915, appartenenti al *Grup de autoblindate,* al fronte nel 1917 *(www.facebook.com/photo/?fbid=141815861658121&set=pcb.141816238324750*

BIBLIOGRAFIA

Libri

- AA.VV., "Armata Romana 1941 – 1945", RAI, 1996.
- AA.VV., "Armata română şi evoluţia armei tancuri. Documente (1919-1945)", Editura Universităţii din Piteşti, 2012.
- Axworthy M., Serbanescu H., "The Romanian Army of World War "", Osprey Military n. 246.
- Dumitru I. S."Tancuri În Flăcări", Editura Nemira, 1999.
- Halbac N., "Scurt istoric al Armei Tancuri", s.i.d.

Siti Internet

- https://thearmoredpatrol.com/2016/03/20/romanian-tank-destroyers-in-world-of-tanks/
- http://ftr-wot.blogspot.com/2013/05/romanian-armor-part-i-pre-ww2.html
- http://wio.ru/tank/romania.htm
- http://it.topwar.ru
- http://tankfront.ru
- https://tanks-encyclopedia.com/ww2/romanian-tanks-ww2.php
- www.worldwar2.ro/media/?article=366
- www.flamesofwar.com/hobby.aspx?art_id=1021
- https://gmic.co.uk/blogs/entry/532-romanian-armoured-vehicles-used-betwen-1919-1947/
- https://thereaderwiki.com/en/Romanian_armored_fighting_vehicle_production_during_World_War_II
- www.rumaniamilitary.ro/istoria-artileriei-romane-autotunurile#prettyPhoto
- www.zimmerit.com/zimmeritpedia/ROMANIA_sez_1.html
- www.eurasia1945.com/batallas/contienda/asedio-de-odessa/
- http://enciclopediaromaniei.ro/wiki/Trupele_blindate
- www.worldwar2.ro/media/?article=366
- www.istoria.md/articol/822/Luptele_trupelor_blindate_din_Armata_Romana_in_Bucovina,_Basarabia,_Ucraina_si_Crimeea
- http://stiintele-educatiei.myforum.ro/file-dintr-un-jurnal-de-front-1941-vt260.html
- https://forum.axishistory.com/viewtopic.php?t=197798
- https://forums.tripwireinteractive.com/index.php?threads/the-siege-of-odessa.8416/
- https://daydaynews.cc/en/military/605814.html
- www.semperfidelis.ro/e107_plugins/forum/forum_viewtopic.php?43741.135
- https://gaz.wiki/wiki/it/Romania_in_World_War_II
- www.redescoperaistoria.ro/2013/10/16/tancul-lupta-cu-pumnul-de-fier-3/

TITOLI GIÀ PUBBLICATI - TITLES ALREADY PUBLISHING

SOLDIERSHOP
PUBLISHING
BOOKS TO COLLECT